『旬刊美術新報』解説・目録

飯野正仁　編・解説

不二出版

目　次

解説……………………………………………… 3
目録……………………………………………… 19
　逐号目録……………………………………… 21
　著作者人名目録……………………………… 71
　団体名目録…………………………………… 85
　掲載写真目録………………………………… 97
　『戦時記録版　日本画及工芸』逐号目録………… 103

『旬刊美術新報』解説

Ⅰ　『旬刊美術新報』

本誌に関する基本事項は以下の通り。
名　　称　『旬刊美術新報』
発 行 人　猪木卓爾　日本美術新報社
発行期間　第一号（一九四一年八月二十五日）～第七十六号（一九四三年十月二十日）
発行様態　毎月一日、十日、二十日を発行日とする「旬刊」。
　　　　　判型　Ａ４判。各号　図版平均十二頁。本文平均十四頁。
購 読 料　発刊当初は一冊五十銭だったが、一九四三年四月の「特別行為税」の課税により一冊六十銭となった。

　本誌は、「第一次美術雑誌統合」時に創刊され、「第二次美術雑誌統合」時に廃刊した、文字通り、戦時統制下に発行された美術雑誌であった。月に三回発行の旬刊雑誌という性格上、他紙誌がとりあげないような小さな情報が丁寧に拾われており、かえって現時点では当時の日本の美術界状況を知る上で貴重なものと言える。
　『旬刊美術新報』は「第二次美術雑誌統合」時に廃刊したが、発行者・猪木卓爾は、『戦時記録版　日本画及工芸』誌を会員制により創刊し、「戦時下に於ける美術誌の矜持」を示した。『旬刊美術新報』全号と併せて本書に『戦時記録版　日本画及工芸』第一輯と第二輯を再録した。
　以下、Ⅱとして、『旬刊美術新報』を含む戦時下における美術雑誌の発行状況について概観する。またⅢとして、『旬刊美術新報』全七十六号および『戦時記録版　日本画及工芸』誌の美術誌としての特色を考察する。

Ⅱ　戦時下における美術雑誌

Ⅱ－１　第一次美術雑誌統合
　一九四一年七月八日、内務省警保局は、丸ノ内会館に都下の美術雑誌を発行する出版社三十八社を招集し、かねて懸案の美術雑誌統合の具体化に向けて、統合試案を提示した〔『日本学芸新聞』第一一三号〕。[1]
　統合案は、美術雑誌を洋画専門雑誌、洋画大衆雑誌、日本画専門雑誌、日本画大衆雑誌、通信旬刊、通信週刊、評論雑誌、季刊研究雑誌の八種に限定許可する、というものであった〔『新美術』一九四一年九月号〕。
　この提示に従って、出版各社は存続すべき主体を決めるために「二週間の懇談」を行った〔『画論』一九四一年九月号、「編集後記」〕。[2]
　七月二十一日、各社は一斉に廃刊届を提出、同三十一日、統合案の通り八誌の発行が許可された。
　八月八日、新たに美術雑誌を発行する主宰人が、＜警保局企画課に出頭、新雑誌の題号を届出た＞〔『美術文化新聞』第一号〕。各誌の創刊は九月十日以後となった。
　その八紙誌の名称・発行人・旧称は次の通り。
　　日本画専門雑誌『国画』斎田元二郎（『塔影』改題）

洋画専門雑誌『新美術』大下正男（『みづゑ』改題）
　　　日本画大衆雑誌『国民美術』岩佐新
　　　洋画大衆雑誌『生活美術』山口寅男（『アトリエ』改題）
　　　通信旬刊『旬刊美術新報』猪木卓爾
　　　通信週刊『美術文化新聞』佐久間善三郎
　　　評論雑誌『画論』藤本韶三（『造形芸術』改題）
　　　季刊研究雑誌『季刊美術』石川宰三郎

　美術雑誌がこの八類型に分けられた理由を、浅利篤は「読者層の重複を避くる目的」を持つものと考えている。さらに「専門」と「大衆」に分けられたことについては次のようにとらえている〔『旬刊美術新報』第二十四号、一九四二年五月〕。
　浅利篤「美術雑誌の使命」：＜美術雑誌の中で大衆を対象とするものは（中略）戦時下特に必要な生活美化、勤労美化の問題を負荷されてゐる＞。
　＜美術雑誌の「専門」と「大衆」とは前者が生活への関心と時局への協力を美術人に要請するに対し後者は一般人の関心を美術に集めんとする目標が要請せられる。＞

　「専門」と「大衆」の類別は、戦時下にあって、この両者には「相反する作用が要求せられてゐる」と浅利は言う。確かに、一方で美術専門人に時局への協力を求め、また一般人にはその関心を美術へと集める事を求める。これは、「相反する作用」であるかのように見える。しかし実はそうではない。美術人に時局受容の作品を制作させ、一般人にこれを見せて時局への協力を間接的に涵養する。つまり、美術人と一般人の両者を美術を軸として戦争へと動員するというひとつの目的をもって、「美術雑誌統合」が行われたと考えることが出来る。

　この当局による雑誌統制に対しては『アトリエ』『造形芸術』誌はその編集後記において以下のようにこもごも思うところを記している。

　『アトリエ』八月号、「編輯後記」：＜かねてより喧伝されてゐた美術雑誌の統制問題は、この程急転回して（中略）とに角既往の各美術雑誌は、新らしき発足のもとに一勢に廃刊を敢行し、将来の動向について鋭意審議を進めてゐる。＞
　『アトリエ』は一九四一年十月号から『生活美術』として再出発した。

　『造形芸術』八月号、「編輯余録」欄（藤本韶三）：＜この余録は、美術雑誌統制が描き出した騒然たる雑音の中で書くことになつた。私にとつては成果の如何に拘はらず思ひ出となる余録である。＞
　『造形芸術』は一九四一年九月号より『画論』として再発足した。

　『画論』九月号、すなわち『造形芸術』を改称し、再発足後の第一号「編輯後記」に藤本韶三は次のように記している。

図1　1941年8月11日　第1回美術雑誌新体制編輯会議
　　　中央：警保局企画課　瓜生事務官　『旬刊美術新報』第1号

図2　情報局第二部第二課情報官
　　　鈴木庫三中佐
　　　『旬刊美術新報』第1号

　＜本誌へ与へられた方向は「綜合美術評論を主目的とする」もので、私はこの評論誌としての立体的編輯に凡ゆる力を致したいと希願してゐる。評論の面は多角に見ることが出来るもので、美術の社会的評論、美術自身の現象的或は技術的の評論、人物評論は云ふまでもなく新美術建設の為になさるべき古典の学術的評論もまた加へることが出来やう。凡てを挙げて国防文化の建設への正しき発展の為になさるべき、厳正なる評論誌として堂々の陣を張つてゆきたいと切望してゐる。なさねばならぬと思つてゐる。＞

Ⅱ－2　　美術雑誌新体制

　こうして美術雑誌もまた戦争遂行体制の中に緊密に組み込まれていった。この時、後述するように、美術界新体制の構築の中心的課題は「美術界一元化、作家の登録組織」にあった。
　しかし、まず＜美術界の新体制は雑誌の部門から提起され＞たのである。

　一九四一年八月八日、新雑誌の題号届け出。その翌々日、八月十日、美術雑誌統合により残された八社は、「日本美術雑誌協会」を結成し、協会の規約を作成、内務省警保局に届け出た。事務所：塔影社内、委員：斎田元次郎・大下正男。〔『美術文化新聞』第一号〕。
　その翌日、十一日、美術雑誌第一回編輯会議が行われた（丸ノ内会館）。こうして一挙に美術雑誌新体制が構築されていったことが判る。
　この第一回編輯会議に、美術雑誌八社の編輯者または主宰者と、情報局側から鈴木庫三中佐、秦一郎氏、警保局側から瓜生事務官、佐伯郁夫諸氏出席、＜今後の美術雑誌編輯に関する種々打合せを行ひ併せて忌憚なき意見の交換を行つた＞〔『美術文化新聞』第一号〕。図1
　同会議席上、情報局鈴木庫三中佐が「国防国家と文化」に関して談話を行った。『旬刊美術新報』第一号によれば、それは次のようなものであった。図2

　＜鈴木中佐情報官よりは座談の形で今回の統制は自分の考へてゐる高度国防国家態勢から見ればまだまだ手ぬるいもので、美術人の覚醒の如何にも足りないことを近来に至つて愈々痛感した。作家の情操はもつと健全に高度でなければならぬと西欧の独逸、仏蘭西、伊太利に例をひき豊富

図3　1941年9月25日　第2回美術雑誌編輯会議
（日比谷・大正生命地下室）『旬刊美術新報』第4号

図4　情報局第五部第三課情報官
秦一郎　『旬刊美術新報』第1号

図5　1941年11月15日　第4回美術雑誌協議会
『旬刊美術新報』第9号

なる世界的知識をもつて中佐一流の明快なる所論を吐かれ、列席者の異常の注意をひいた。[5]＞

　同会議に出席した『画論』主宰・藤本韶三は、この鈴木の談話を次のように受け止めた。＜高度国防国家といふのは、謂ひかへれば高度文化国家なのである。＞

　高度国防国家とはすべての人材と物資が戦争遂行に向けて組織される体制であった。美術のみならず美術雑誌もまた「戦力」とならねばならないのであった。

　一九四一年九月二十五日、第二回美術雑誌編輯会議が日比谷・大正生命地下室において開かれた。内務省警保局と情報局から担当者が同席、編集上の点について「相当突込んだ注文」を付けた。『旬刊美術新報』第四号（十一頁）はこう伝えている。＜内務省から佐伯、米川両係官、情報局から秦〔一郎〕情報官夫々出席、美術界近情に関し意見を交換、編集、執筆者其他に関し相当突込んだ希望が纏陳された。＞図3、4

　さらに十一月十五日には、第四回美術雑誌協議会が開かれた（三信ビル・東洋軒）。情報局から小野久三、日本出版文化協会（文協）から浅利篤、批評家から荒城季夫・池島重信・福岡信夫、他に各社編集担当者が出席した。図5

　このように内務省警保局、情報局及び文協はしばしば美術紙誌発行者と面談して、国策支持へと彼らを導こうとした。[6]

Ⅱ-3　美術批評への批判

　日本出版文化協会文化部の浅利篤は、一九四一年十一月の『旬刊美術新報』第八号において次のように発言した。

　＜美術界を指導する立場にある筈の美術批評家達が、美術雑誌の新発足が実現すると忽ち新聞へ得体の知れぬ呪文のやうな文章を寄せ始め、何を言はんとするのか、一向にはつきりせぬ展覧会批評や美術批評をやり始め就中美術家よ社会人たれと言ふが如き要求や時代に負けて居る等と言ふやうな抽象的な言辞を弄してゐる。（中略）臨戦態勢下の今日先づ深く反省すべきは批評家自身ではあるまいか。（中略）大半の責任は数人しか居ない美術批評家が負ふのであり負はねばならぬ。＞（「最近の美術批評」）

　先行きの見えぬ混沌とした状況の中にあって、「美術批評」のみが明瞭な、責任ある言論を提起し得るわけもないことを自身承知しながらも、臨戦態勢下にある美術の在り様を探る浅利は「美術批評」の改新にその打開の端緒を求めようとするのである。

Ⅱ-4　日本の美術雑誌を作れ

　日本の美術界の新陳代謝は＜雑誌の部門から提起され＞た。これは美術批評の在り方への批判であり、またそれは、「日本の美術雑誌を作れ」という要請となってあらわれた。
　『生活美術』編集主幹・山口寅夫は一九四一年十月号「編輯後記」において次のように記している。

　＜私は美術雑誌の統制中に、或る先輩から「日本の美術雑誌を作れ」と云はれた。（中略）「日本」のと云ふことにそんな難しい理論を附けなくとも、手のとゞく所にその問題は来てゐる。（中略）「日本の美術雑誌」への気運は向上してゐる。それ丈に悩むのだ。＞

　しかし、「日本」のと云うことにそんな難しい理論を付けなくとも、山口の言うように、＜手のとゞく所にその問題は来てゐ＞ただろうか。「日本」のという言葉に含まれた意味を明確につかんでいた人物が美術界にどれほどいたのか。実はこの曖昧な「日本」のという言葉の前でほとんどの人間が判断停止に陥っていたのではなかろうか。

Ⅱ-5　質の時代来たる

　第一次美術雑誌統合後、「大東亜戦争」勃発直前の戦時体制は極めて緊迫していた。『生活美術』十一月増刊号「編輯後記」は次のように記している。

　＜最近益々各方面の緊迫感が強く迫つて来た。（中略）美術雑誌の用紙配給もこの程決定した。そしてこの限られた範囲で、最大限の内容の充実に邁進する。時は正に質の時代に来た。＞

　しかしこのように思想面、資材面、文字通り物心両面からの統制の強化にもかかわらず、美術雑誌の発行部数自体は決して緊縮していたわけではなかった。『新美術』十一月号、「あとがき」は、

＜本号は九千部印刷いたしました。用紙使用制限のためこれ以上の増刷は不可能かと思います＞と記している。紙が許されるならば、これ以上の需要があるとの判断が編集サイドにあったようだ。

Ⅱ-6　美術界一元化

美術雑誌の統合は、美術界新体制の構築の開始点であった。中心的課題としての「美術界一元化、作家の登録組織」は、未だなされていないと尾川多計は記している（『新美術』一九四一年十二月号、「中だるみの一年」）。

「作家の登録組織」結成に対しては、それぞれの所属団体の利害関係もあり、抵抗が強かった。したがって、「美術界一元化」はまず「美術雑誌の統合」という形で進んでいった。「美術雑誌の統合」は、美術界の新体制への移行という面において、実は最も抵抗の少ない局面であったとも言えるのである。

一九四一年十二月十二日、日本編輯者協会は次の決議文を発表、国策への順応をみずから宣言し、「言論国防体制」構築への意志を明らかにした。

＜畏くも宣戦の大詔渙発せられたり、洵に皇国の隆替、東亜興廃の一大関頭なり、吾等日本編輯者は謹て聖旨を奉体し、聖戦の本義に徹し、誓つて皇軍将兵の忠誠勇武に応へ、鉄石の意志を以て言論国防体制の完璧を期す＞（『新美術』一九四二年一月号）

日本のジャーナリズムの自立性、時代と権力への抵抗力は弱く、すでにこの時点で、時代と社会との対峙という自らに課せられた職能を放棄したという事が出来るであろう。

Ⅱ-7　大衆性の問題

一九四二年に入って、前年の第一次美術雑誌統合のあと、継続各誌は自らの「立ち位置」を定めるべく模索を続けていた。

『生活美術』は「大衆」誌としての自らの立場を次のように理解していた。

＜わが「生活美術」は所謂美術雑誌統制以来、美術の「大衆」について暗中模索を続けた。幸ひ今日に至り、戦時下に於ける寔の美術雑誌統制を率先して実行致す運びになつた。＞（『生活美術』一九四二年一月号「編輯後記」）

ここにおける、「大衆」なる言葉は、戦時下において重要な意味をもつものであった。
『旬刊美術新報』第二十四号（一九四二年五月）において日本出版文化協会文化部の浅利篤は次のように書いている（「美術雑誌の使命」）。

＜美術雑誌の再出発が内務省に依て読者層の重複を避くる目的から「日本画」「洋画」「専門」「大衆」「週刊」「旬刊」「季刊」に分けられたのは周知の如くである。／之等の美術雑誌の中で大衆を対象とするものは（中略）戦時下特に必要な生活美化、勤労美化の問題を負荷されてゐる。＞

「大衆」を対象とする美術雑誌は、戦時下における「生活美化」「勤労美化」を通じて究極的には生産性の向上に寄与することを求められていたのである。

では「専門」と「大衆」の違いは何か。浅利は次のように言う。
＜美術雑誌の「専門」と「大衆」とは前者が生活への関心と時局への協力を美術人に要請するに対し後者は一般人の関心を美術に集めんとする目標が要請せられる。つまり相反する作用が要求せられてゐるわけである。＞

美術の「専門」者つまり美術家および評論家にはあくまでも現実に沿った時局への協力を要請する一方で、「大衆」には現実の過酷さから一時的ではあれ、目を逸らし、「美術」によってこれに慰撫を与え、日々の労働へと差し戻そうと内務省を含む国家権力サイドは意図していたことがわかる。

そして、このような権力側の意図に従順である限り、雑誌は物資面からも優遇された。たとえば、『生活美術』一九四二年五月号「編輯後記」は次のように記している。

＜本月に入つて、紙の特別配給を貰つた。美術雑誌にこんなことがあるのかと、意外な位に嬉しかつた。本誌が突然に大衆版を決行してから、さまざまな憶測があつたやうだが、この事丈けで、心ある読者は安心して呉れると思ふ。＞

確かに国策への恭順の意を示すことによって、雑誌としての存立は安穏となるかもしれない。しかし、出版・編集側はそこに重大な矛盾があることを意識していた。＜いま美術雑誌の諸問題のなかで最も話題を持つてゐるのは大衆性の問題である＞（『生活美術』六月号「編輯後記」）。なぜなら、「大衆版」への移行は文字媒体としての存立のための妥協であり、それは自らの美術ジャーナリズムとしての矜持との間に角逐を生むものであったからである。

Ⅱ－8　物資の窮迫と権力による懐柔策

物資面から比較的に優遇された「大衆」美術雑誌に比べて、「専門」雑誌と規定された各誌は厳しい状況におかれた。たとえば、洋画専門雑誌として規定された『新美術』（『みづゑ』の後継誌）は、かなう限りの良好な図版を「専門」向けに提供しようとしていたが、戦時体制の中で、紙・インク等の物資は窮迫していった状況をその「あとがき」に見ることができる。

『新美術』一九四二年十一月号、「あとがき」：＜最近用紙、特にアート紙が以前から見ると目立つて粗悪になつて来ました、従つて色刷などの発色も非常に鈍く、困つて居ります、然し技術を以てこれを補ふべく努力して居りますから、その点を買つて頂きたいと思ひます。＞

『新美術』一九四二年十二月号、「あとがき」：＜大東亜戦争美術展も近く開催されようとして

ゐる、本誌は曩に軍の命に依つてこれが特輯を試みることになつて居る（中略）ボツテイチエリの再版は良質の印刷インキが得られなかつたので意外に延引したが十二月中旬には発行できる予定である。＞

　一九四三（昭和十八）年、「大東亜戦争」もその頂点に達しつつあり、出版状況は紙不足・人手不足・流通の停滞等さらに厳しいものとなっていった。各誌はこれに対し、「質の向上」と「重点主義」の方針によってなんとか切り抜けようと努力した。まずこの状況を受けて当局は文協を通じて、用紙四割節減を申し入れ、即刻実施となった。

『旬刊美術新報』第四十九号（一九四三年一月二十日号）、「美術雑誌の用紙節減」（無署名）：＜紙の節約は刻下の緊急事である。紙はそれ自身弾丸である。＞

『生活美術』一九四三年一月号、「編輯手帖」：＜いまのところ紙については、われわれが何んとも予測出来ない事情で、その点編輯の上でフン切りのつかぬことが多い。出来れば、もう少し重点主義で、たとへばアート紙なども量は少くとも質をあげて行けば、そこに自然と写真印刷の重点主義が採れるのである。そうした点が不明瞭だと、印刷術は勿論、編輯なども中途半端の弊をまぬかれない。片面アート紙を見ればその間の消息が分かるやうに、ゼイタクと重点主義とは実に或る心構え一つで、その結果は甚だしく違ふのである。＞

『新美術』一九四三年二月号、「あとがき」：＜次号から愈々雑誌用紙四割減の実施になるわけであるが、本誌はこの対策として質の向上を計り重点主義を実行する。＞

『日本美術』一九四三年二月号、「編輯後記」：＜一月から各社とも雑誌用紙の割当が四割方減配になつた。（中略）編輯の方針も従来より一層国策に順応しようと決心してゐる（中略）用紙の激減、印刷所の手不足、種々の材料難、加へて運送の難渋等々、美術文化戦にとつても、こゝを先途と敢闘の機に際会してゐます。＞

　物資の窮迫に対して、心構え、覚悟ひとつで乗り越えようという精神主義的な掛け声だけがここにはある。

Ⅱ－9　雑誌の決戦体制
　しかしこのような精神主義的な空念仏は所詮、弥縫策にすぎなかった。現状を致し方なく容認するしかなかった編集側の悲鳴に近いものがこの時期の各誌の「あとがき」に読むことができる。

『生活美術』一九四三年二月号、「編輯手帖」：＜用紙が四割減になつた。今更致し方はない。＞

『生活美術』一九四三年三月号、「編輯手帖」：＜紙数は少なくなつた。印刷所の手は足りなくなつた。著者は少なくなつた。益々事務は短時日と駈け足を要求される。＞

用紙の節減は当然に減頁および発行部数の減少に直結するものであったが、用紙の「特別配給」によって部数はかろうじて維持されていた。

　『画論』一九四三年三月号、「編輯余録」（無署名）：＜用紙減配によつて本号から約二割の減頁を行つた。（中略）幸いにして用紙特配申請が承認されたので、これだけの減頁で現在部数だけは確保できるのである。＞

　このようななかで、用紙・インクの配給の減少に加えて、税が課されることによって、雑誌発行はさらに困難になっていった。

　『季刊美術』春の号（五月）、「編輯雑記」：＜用紙の配給がまた減りましたので、減頁のやむなきに立ち到りました。そこへ持つて来て、今月から二割の税がつくので愈々やりにくくなつたわけですが、口絵も本文も約三割強の縮小になりましたから、定価も従来の三円を三割強値下げをして、この号から二円と改めました。＞
　同誌はこの月から「予約売切制」を採用した。

　『新美術』五月号、「あとがき」：＜今月から用紙の配給が再び四割減となりました。昨年末から見ると約三分の一になつたわけです。（中略）課税の関係などで減頁の割に値下げが出来ないことは心苦しいことですが御了承下さい。（中略）よき雑誌を作り、特配に依り用紙を獲得することは、我々に与へられた唯一の道であります。（中略）印刷インキ特に黄色インキの材料難は用紙の粗悪と相俟つて色刷に致命的な結果を招来しつゝあります。＞

　『日本美術』五月号、「編輯室」：＜今期の用紙割当数量がまた激減しました。（中略）あらゆる雑誌の決戦体制です。＞

　このように編集者が「あとがき」で＜決戦体制＞を叫ぶほど、雑誌の発行は危機に臨んでいたのである。
　この時期、物資の窮迫は雑誌のみならず、書籍の発行にも「予告といふものが全く出来ない」ほどの壊滅的な影響を与えていた。文字通り雑誌・書籍の決戦体制がここに現出していたのである。[7]

Ⅱ－10　第二次美術雑誌統合

　一九四三年十月、第二次美術雑誌統制が監督官庁において審議されている事を『旬刊美術新報』第七十四号（十月上旬号）が次のように報じた。
　「美術雑誌の問題」：＜八種のものが一昨年の統制に於て残されたのであるが、刻下の危局に当つて用紙問題や国策順応の諸態勢と睨み合せ、再統制が監督官庁中心に審議されつゝある。＞

情報局は、同月、『国画』（斎田元次郎）・『新美術』（大下正男）・『生活美術』（天田文雄）・『日本美術』（石川宰四郎）・『画論』（藤本韶三）・『季刊美術』（藤森順三）・『旬刊美術新報』（猪木卓爾）・『美術文化新聞』（佐久間善三郎）の八誌に対して、十月中発行にかかる雑誌を最後として廃刊することを決定、指示した。

この指示を受けて、一九四三年十月、上記八誌は「日本美術雑誌協議会」として連名で次の廃刊声明を発表し、各誌十一月号に掲載した。

＜決戦下国内態勢の強化に挙国邁進の際、この国家的要請に遵ひ、我等日本美術雑誌協議会に所属する八誌は、此度情報局の指導斡旋により統合整備する為、十月中発行に係る雑誌を最後として廃刊することゝなりました。顧れば昭和十六年七月の統制により、本協議会の結成されて以来二年有余短日月でありましたが各自その全力を以て時の要請に応へ皇国美術文化の進展と啓発に微力乍ら盡瘁し得られたることを欣快とするものであります。我等の我美術文化に対する熱意と希願は、続いて創設せらるゝ企業体に於て継承され、更に強化発揚されるであらうことを確信し、不変の御支援を乞ひ茲に本協議会の解散と所属八誌の廃刊を宣明いたす次第であります。＞

この表向きの声明の高い調子とは異なって、各誌の「あとがき」にはあきらめに近い編輯子の内心をうかがうことができる。

『画論』十月号、「編輯後記」：＜情報局斡旋の下に（中略）全誌廃刊いたす事と相成りました。＞

『季刊美術』秋号（十月）、「編輯後記」：＜再度の統合とは申しながら、もはや実状は第一回の当時とは異つて、時局は日に日に切迫苛烈の度を加へてゐるのですから、今回の企業整備はかねてから必至と見られてゐたものであります。＞

『旬刊美術新報』第七十六号（十月下旬号）、「謹告」：＜本誌は本号を以て廃刊致します。いふ迄もなく監督官庁の要請する美術雑誌整理の方針に順応致す為めであります。＞

八誌は全誌廃刊後、統合され、『新美術』（大下正男主宰）と『画論』（藤本韶三主宰）を主体として新たに「日本美術出版株式会社」を設立、翌一九四四年一月号より『美術』と『制作』という美術雑誌二誌を創刊することとなった。

II－11　雑誌の戦力化

第二次美術雑誌統合により、一九四四年一月、総合雑誌として『美術』が、また七月には季刊の研究的な性格を持つ『制作』が日本美術出版株式会社から発行された。[8]

こうして公認された唯一の月刊美術雑誌としての『美術』もまた困難な状況の中にありつつもなんとか美術ジャーナリズムとしての機能を果たそうと苦慮していた。

しかし、＜情勢の急転推移に反比例して印刷工程の遅緩＞が深刻化していった（八月号）。

同誌十・十一月合併号「後記に代へて」にはこの頃の雑誌発行状況が次のように記されている。

＜用紙と云ひ印刷と云ひ愈困難が加つてくる。一枚のアート紙を抓み上げて、指先ではたけば、パラパラと粉が散る。百枚も刷れば、その粉が網目を埋めてインクのたまりができる。読者の原色版に対する恨言は再三耳にしてゐるが、現在の印刷技術にはこれに対する解決の方法は期待出来ない。＞

このような中にあって、なお『美術』誌編輯子はその十二月号「後記」において次のように強気の発言を重ねている。

＜雑誌の戦力化殊に美術雑誌の場合或る時は直接であり、また間接的であつてもその心に変りはない。（中略）美術の戦力化への先陣として活発な動きが期待されるであらう。本誌も共に進撃する。＞

Ⅱ－12　戦時下に於ける美術誌としての矜持

一九四四年において存続を公許されていた美術雑誌二誌の内のひとつ、『制作』の第二号（十二月）「編輯後記」には次のように記されている。

＜戦局は愈々緊迫の度を加へてゐる。すべての資材と労力は挙げて戦力の強化に注がれてゐる。そのうちにあつて、「制作」の続刊も多少の形態の変更は免れないと思はれるが、飽くまで戦時下に於ける美術誌としての矜持を失はないことに努力する覚悟である。＞

しかし、「戦時下に於ける美術誌としての矜持」とは何か。絵画作品の色刷りを美しく印刷することではなく、戦時下に美術にかかわる人々はいかに生きたのかを記録し続け、残すことこそが、戦時下における美術ジャーナリズムの矜持の在り方ではなかったか。

この意味で、この年二月に猪木卓爾が『旬刊美術新報』の後継誌として創刊した『戦時記録版　日本画及工芸』の在り方こそ、公許されないものであったにもかかわらず、「戦時下に於ける美術誌としての矜持」の姿勢を明確に示す大切な仕事であったと私は考える。

一九四四年二月、『旬刊美術新報』を主宰していた猪木卓爾（日本美術新報社主）は、＜美術界の行動を記録し後代史家の資料となすことは是非必要のことと信じ、同志の協力を得て＞、『戦時記録版　日本画及工芸』第一輯を一般市販ではなく、会員制によって発行した。会員限定の発行という形をとることによって、雑誌統合の枠を越えようとしたものと考えられる。図6

図6　1944年2月『戦時記録版　日本画及工芸』第1輯

戦争の進展のなかで、美術が置かれていた状況をできる

かぎり正確に記録することが美術ジャーナリズムのこの時点での責務であった。猪木卓爾はそのことを自覚し、当局の公認を得ることなく、「戦時記録版」を発行した。戦時統制下に『旬刊美術新報』を刊行し、さらに統制の枠を超えて、『戦時記録版　日本画及工芸』を刊行した猪木卓爾の出版人としての姿勢は、戦時下における美術ジャーナリズムの矜持を示すものと考える。

Ⅲ　『旬刊美術新報』の特色

　『旬刊美術新報』全七十六号を通じての、その記事の特色は、美術を支える物質的な諸条件（美術物資の生産・供給・輸送問題、作品の輸送問題等）への編集者の関心・注視、である。
　一般的な芸術理論・芸術鑑賞に関する記事よりも、戦時下にあって美術に関わる者の、切実な関心にこたえようという姿勢が本誌にはある。
　このような『旬刊美術新報』の、美術を支える物質的な諸条件への強い関心は、記事の標題にもうかがうことが出来るであろう。以下に、その一部を例としてあげる。

　『旬刊美術新報』第四号、「時評」欄、「材料の逼迫と輸送問題」。
　『旬刊美術新報』第十号、「美術経済」欄、「金属類特配停止に除外令！―作家の資格調査進捗・新人の認定頗る注目」。
　同号、「美術経済」欄、「彫刻家への地金配給減量―千二百キロを聯盟から鋳造家へ配分」。
　『旬刊美術新報』第十六号、「美術経済」欄、「一般衣料の切符制に伴ひ絵絹・表装裂も切符制―俄かにそれと知り大恐慌で対策中」。
　同号、十八頁、＜画人の使用する材料の一部にも統制の機が到来してゐる＞。
　『旬刊美術新報』第十九号、「美術経済」欄、「美術資材に悩む時―芸術窯の開拓に成功」。
　『旬刊美術新報』第二十三号、「美術経済」欄、「表装裂れ配給決定―四月下旬から繊維調整受給協議会の切符で出廻り始む」。
　『旬刊美術新報』第二十八号、「美術経済」欄、「順調に行つてゐるか絵絹の配給（一）―日本画製作資材統制協会を覗く」。
　『旬刊美術新報』第三十号、「美術経済」欄、「七月中に出荷し始める日本画の紙の配給／日本画製作資材統制協会第二次運動」。
　『旬刊美術新報』第三十一号、巻頭コラム、「資材配給の問題」。
　同号、「旬報」欄、「日本画家に一大福音絵絹の絶対確保―日本画製作資材統制協会理事者努力の結集」。

　『旬刊美術新報』は、とりわけその「美術経済」欄において、絵絹・絵具・金属類等の美術資材の生産・供給・輸送に関する情報を提供している。読者が求める情報を伝えようという本誌の姿勢を観ることが出来る。
　戦時下における美術ジャーナリズムの責務を自覚し、これを果たそうとする『旬刊美術新報』は、第二次美術雑誌統制後、会員制の『戦時記録版　日本画及工芸』にその志をつないだ。
　一九四四年九月に発行された『戦時記録版　日本画及工芸』第二輯「巻頭言」に記された言葉は、

戦時下における美術雑誌の矜持を明確に述べている。

　〈正しい記録を残すといふことは、如何なる方面に於ても必要であるが、殊に芸術界の如き、これあつて初めて後世完全なる資料を貽すことになるので、正確なる記録に拠らぬ芸術史は、芸術史として無価値である。／本記録が日本画及工芸の両部面に於て聊か世の要求に応へ得たことは、第一輯刊行以来非常な歓迎を受けたことでも立証出来るし、正確なる記録を残すと共に銃後国民涵養の為にも少からぬ貢献をなしつゝあることを信ずるものである。〉

「正しい記録を残す」。戦時下の厳しい状況にあって、この明確な姿勢を貫きえた出版人が存在した事を銘記したい。

　　　註
1　美術雑誌の統合については、これ以前にすでに前年の一九四〇年暮れに美術雑誌発行社を当局が招集し、雑誌発行の在り方に対する当局の見解を直接示していた。藤森順三によれば（『美術評論』第六十二号、「時評―美術雑誌といふもの」、一九四一年八月）、〈去年も暮れ近く、われわれは当局に呼びつけられた。当局は言つた。美術雑誌が画家に絵をかかせるのはよくない。画家依存はしないで、雑誌の売上げで経営出来ないものか。中には、随分タチのよくない雑誌もあるやうだから、この際さういふものは断然処分する、云々〉。〈画家に絵をかかせることを画家依存ときめつけて、美術雑誌といふものを、頭から罪人扱ひにしてゐる〉。当局のこのような高圧的な姿勢を藤森は、〈腑に落ちかねた〉と記している。
2　この懇談において、八種の新聞雑誌の担当発行者が決められた。
　『画論』一九四一年九月号、「編輯後記」：「『美術時評』の垣見宜修氏は私の苦境に常つて、自身の廃刊を堵して敢然と救ひの一票となつて投じて下さつた。『阿々土』の清川薫氏もまた懇談会初頭より支援の一票として殉じて下さつた。この事を茲に明記することの是非はわからぬが、私は敢てこゝに記して深甚なる感謝を表したい。」
　『旬刊美術新報』第一号（八月二十五日号）、「美術雑誌の八種の題号定決」：「曩に報道した如く内務当局提示の八種類の新聞雑誌に対し人選決定し其の後各々の受持ち雑誌の題名等協議の結果、当局の注意もあり全然旧名には捉はれず選定」。
3　尾川多計「中だるみの一年」、『新美術』一九四一年十二月号。
4　浅利篤「絵描きの書架」、『新美術』一九四一年十月号。
5　佐藤卓己『言論統制　情報官・鈴木庫三と教育の国防国家』（中公新書、二〇〇四年）参照。
6　情報局及び文協と美術関係者とはしばしば懇談している。一九四二年一月十六日、美術雑誌協議会編輯会議が松本楼において開かれた。これには、内務省警保局企画課・佐伯郁郎が出席、各雑誌代表者も出席した〔『旬刊美術新報』第十四号〕。
　また、一九四二年九月十五日には、「美術関係者懇談会」が情報局・文協主催により駿河台・出版文化クラブにおいて開かれている。『美術文化新聞』第五十五号は次のように伝えている。〈情報局から二部二課鈴木情報官、五部三課秦嘱託、他一名、文協雑誌課員三名、学芸課員一名、作家側より彫刻家清水多嘉示、本郷新、日本画の吉岡堅二、洋画の内田巌、評論家側から今泉篤男、土方定一、谷信一の諸氏出席、忌憚なき意見の交換を行ひ午後三時閉会した〉。

7　　印刷関連物資の不足は、雑誌のみならず「美術書」の発行にも甚大な影響を与えていた。一九四三年三月二十一日発行の『美術文化新聞』の「特別割当の美術書」によれば、このような戦況の緊迫の中でも次の「美術書」が用紙の特配を受けて発行されていることが分かる。＜文協に出版企画を提出しこのほど特別割当を受けた美術書に左の如きものがある／△本郷新著『超克の美』△井島勉著『日本美術図譜』△金原省吾著『東洋美術論』△沢村専太郎著『日本絵画史の研究』△杉田益太郎著『イタリアとドイツ文芸復興期の芸術』△伊東忠太著『東洋建築の研究』＞。

　　また、『画論』四月号の「編輯余録」（藤本韶三記）によれば、出版予告が不可能なほど出版関連の生産能力が低下していたことが分かる。＜藤田嗣治画集の発行が大変に遅れて、まことに申訳ない。予告といふものが全く出来ない現在の生産能力を知つて頂きたい、と申し上げるほかなく、極端に云へば出来上つて見なければ奥附の発行日附もつけられない状態である＞。

8　　『美術』は一九四四年一月創刊、一九四六年七月に終刊した。『制作』は一九四四年七月創刊、同年十二月に第二号が発行されている。第三号は未確認。したがって、一九四五年の日本敗戦の年に発行された美術雑誌は唯一、『美術』誌のみであった。

9　　『戦時記録版　日本画及工芸』第一輯「奥付」は次の通り。会費　金四円五拾銭、発行人　猪木卓爾、編輯所　戦時美術記録編纂会（麹町区九段）、頒布所　日本美術新報社（麹町区九段）。

　　同輯の「彙報」欄には、「画壇人応徴戦士を見舞ふ」、「美術報国会に二委員会組織さる」、「日本美術報国会の勤労報国」、「工芸家の職場転換」等の他では読みえない情報が記録されており、当時の事情を知る上で大変に貴重なものといえる。

　　同輯の「巻末に」に発行者・猪木卓爾は記録版発行が諸般の事情で遅れたことを詫び、合わせて次のように記している。＜どうか大戦争下の美術界記録編纂のため会員各位の御協力御援助を願つてやまない次第である。／第二輯は三月上旬上梓の予定で大東亜戦争美術展覧会及戦艦献納美術院会員美術展を中心に市井展その他で十一月下旬から二月上旬までのものを記録する予定である。＞

　　『戦時記録版　日本画及工芸』第二輯は、一九四四年九月に発行された。第三輯以降については不明。

『旬刊美術新報』目録

『旬刊美術新報』目録・凡例

一、仮名遣いは原文のままとし、旧漢字、異体字は一部を除きそれぞれ新漢字、正字に改めた。また、明らかな誤植、脱字以外は原文のままとし、人名その他もあえて表記の統一をはからなかった。

一、標題は本文及び目次に拠った。

一、「／」は同頁、「。」は改頁を示す。

一、「逐号目録」は頁順ではなく、テーマ毎に再編集した。また算用数字は頁を示す。

一、「著作者人名目録」「団体名目録」「掲載写真目録」の算用数字は、「号‐頁」を示す。

逐号目録

第1号（1941年8月25日）

表紙 不詳。

口絵 竹内栖鳳《水郷》。

グラフ 戦争画の名作。二科展の制作進む。仏印へ文化使節－先づ日本画から。夏の涼味をそゝる切子硝子はどうして造る。山南会。聖戦美術と二六〇〇年会展。我が国新文化建設の重任を担ふ人々〔写真：情報局第二部第二課情報官鈴木庫三中佐・情報局第五部第三課長上田俊次中佐・警保局企画課佐伯郁郎統制主任官・情報局第五部第三課秦一郎情報官・美術雑誌新体制第一回編輯会議〕。青龍社鑑査場風景／憩ひのひと時－ある朝の川端龍子氏／沢田晴広氏の文展作『空征く女性』／長谷川栄作氏の大作『伊邪那岐大神』。東京美術家常会〔城西部第一回総会、8月10日〕／文化奉公会彩管報国に旅立つ－三輪孝・原精一・高沢圭一／標柱「生活美術現代彫塑芸術を愛しませう」－国民彫塑研究指導所／立てる子供　中村正典個展／座談会「緑地と造型」／二六〇〇年会々員／山南会々員。

美術旬報 美術雑誌の八種の題号決定／二六〇〇年展／山南会展終る／新発足の美術雑誌第一回編輯会議／多摩帝美の図案展／商業産業美術展／廿七日から青龍展開く／日本美術新報社社告／展覧会の暦　1。院展入選発表は三十日／〔青龍社第13回展〕栄えの入選作品／国風彫塑展／二科展／航空美術展〔展覧会規定〕／曽仲鳴夫人個展／独逸芸術展－ミュンヘンで開催　2。仏印日本画展作家／日本人に画かれたアンコールの古図　11。美術工芸品の特例－芸術の維持保存を図る当局の親心　13。〔統制による美術雑誌の〕新発足に当りて（猪木卓爾）／美術家の常会とは？　八月十日第一回総会の意義　14。

旬刊時評 美術団体の統制　2。

団体 硝子作家結成　2。嶺南美術家協会／大東南宗院－八月八日に結成／工芸作家協議会／読画会慰労会／満洲美術家協会創立会議／帰還兵の団体－文化奉公会／忠愛美術院－廿二日上野で発会／新興美術研究会　3。

いろいろ 愛知県が絵葉書で出征将兵慰問／大阪玉祖神社で神像を発見／朝鮮咸鏡道の良質陶土発掘／島根県で発見の明珍の名作／陳列スクリーンを大阪市美術館試用／千葉県牛久で仏像を発見　3。川北霞峰氏遺作を京都博物館へ寄附／京都博物館新陳列／大和の画家が戦地慰問画帖／精華美術院勇士慰問団／霊山画廊の電話／当局の慫慂で院展二科無料日　4。

個人 横山大観氏自邸で卒倒／堂本印象氏高野山彩管／長谷川栄作氏文展作着手／神津港人氏画く丁満洲参議肖像／名取春仙氏が大日本神典絵巻／小早川秋声氏又々満洲へ旅／訃報：高木保之助・古屋苔軒　4。

論評 海　中村研一　5。美術新体制の基底　子爵岡部長景　6。新文化の黎明　内閣情報官・秦一郎　7。戦争画の名作　川路柳虹　8。仏印巡回日本絵画展に就て　青木節一　10。泰国の水田　川島理一郎　11。

美術展評 第二回聖戦美術展総観（豊田豊）／山南会二回展／二六〇〇展　12。

各論 美術工芸品の特例－芸術の維持保存を図る当局の親心　13。新発足に当りて　猪木卓

爾／美術家の常会とは？　八月十日第一回総会の意義　無署名　14。

　美術経済　前山久吉氏の遺愛品　全部『わかもと』が所蔵－時節柄売立入札も省略で／新画に愈々課税か－余剰購買力吸収と大増税／共楽美術倶楽部移転／表具工業組合聯合会委員会成る／東京府美術青年会／暑中納涼入札会　15。

第2号（1941年9月10日）

　表紙　藤島武二《台湾の少女》。

　口絵　川合玉堂《牛飼ひ》。

　グラフ　臨戦下緊張漲ぎる第廿八回院展開幕。在野洋画の旌旗立てて二科第二十八回展作品。第十三回青龍社展グラフ（一）。院展二科国風。故八木岡春山氏／故高木保之助氏／川島理一郎氏タイ国風景展／村川弥五郎氏日本画展／芝野川氏第一回個展／武田範芳南洋作品展／明治初期洋画回顧展。宮崎豊氏遺作展／楠部弥一氏陶磁展／三浦竹軒氏竹泉氏陶芸展。青龍社晩餐会／忠愛美術院発会式／新浪漫派・菊屋ギヤラリーにて／故八木岡春山氏告別式／大東南宗院結成披露／国風彫塑会。

　時評　美術と大衆　1。

　美術旬報「団体」　二科会則改正／仏印巡回邦画－三越本店で内示会・洋画も合流展示／大阪に彫刻家聯盟／東北に邦画家聯盟／竹台会成立／日本美術校舎竣成／日本美術雑誌協会の成立　1。工芸作家協会－全国の委員参集して・遂に技術部門に分ちて整理・某委員談／東京表装工業組合協議会／共楽売立開始／同人会の表装研究会／寛永寺大師会／光悦の宗達〔宗編〕忌／街頭に大標柱立てて－彫塑普及会の進展　16。

　美術旬報「展覧会」　大潮会秋展／朝倉彫塑塾展／一水第五回展／杉尾利通個展／日本美協展／泉川白水翁個展／美術新協展／小村雪岱追悼展／乾坤社秋展／洋画回顧展盛況／芝野川日本展／村川弥五郎個展／版画協会展／世紀美術協会展／新制作派展／山喜多二郎太個展／大輪画院展／横尾龍芳個展／日東美術展／萌友会第一回展／明朗第八回展／石清水八幡資料展／春台小品展好評／三浦両氏陶芸展／院展入選者－絵画七〇彫塑四〇　2。二科入選者－絵三四〇彫塑三八・授賞と新会員会友　3。国風彫塑入選－二十一名三十点・五氏に研究賞授賞／明朗展入選者－栄えの推挙推賞／各展無料日（二科・院展・国風彫塑会）　4。

　美術旬報「個人」　〔訃報〕八木岡春山氏－破墨第一人者（溝口禎次郎）　4。

　論評　臣民道と美術家　高須芳次郎　5。日本画の表現における宿命的なもの　金原省吾　6。仏印の王城寺　小林剛　8。裸体美術の限界　大隅為三　9。本阿弥光悦の尊皇（一）　添田達嶺／戦争画　黒田鵬心　13。

　展評　二科展を観る（上）　川路柳虹　10。院展　金原省吾　11。青龍展管見　広瀬熹六　12。春台小品展／新浪漫派展／桑重清日本画展／久松会綜合展／修学時代作品展／武田範芳南洋展／人形芸術院展　14。

　工芸　楠部弥一作陶展／矢野橋村作陶展／三浦竹泉竹軒展／六角紫水氏に漆の知識を訊く（1）／京都陶展と粟田焼失土　楠部弥一　17。

　その他の記事　展覧会の暦　1。秋川渓谷　鹿児島二喬　11。兜〔無署名コラム〕　12。新刊紹介　14。闇の十文字峠を越える　神津港人／大陸行第一信（南京にて）　三輪孝　15。全国の

委員参集して工芸作家協会争論－遂に技術部門に分ちて整理／東京表装工業組合協議会／共楽美術倶楽部売立開始／同人会の表装研究会／寛永寺大師会／不忍観蓮茶会／光悦の宗達忌／街頭に大標柱立てて　彫塑普及会の進展／「短冊」〔無署名コラム〕　16。

第3号（1941年9月30日）

　表紙　北村西望《額》。
　口絵　菊地契月《菊慈童》。
　グラフ　航空美術展開く。院展グラフ２（第二十八回展）。輝く院展初入選作。溌溂たる二科初入選。28回二科作品集（２）。青龍社展グラフ（二）。二科と院展と国風の彫刻。個展：泉川白水氏新南画展／川島理一郎氏タイ国風景画展／芝野川氏第一回個展／山喜多二郎太氏個展。玉堂画伯の力で水道が引かれた／戸島光阿弥氏展／小泉葵巳男氏昭和大東京百景版画展。写真：高松宮両殿下仏印巡回日本絵画展内示会にお成り／明朗美術会員（府美術館）／立型会第三回展菊屋ギヤラリーにて／新制作派協会公開審査／読画会内示会／泉川白水氏新南画展（高島屋）。
　旬刊時評　美術家の臨戦態勢　1。
　美術旬報　満洲美協結成／大邱「国体明徴館」に飾る大壁画／美術家の迷彩運動に翼賛会乗出す／日本美術院同人院友決定－今回展受賞者・絵画六氏彫塑五氏／古美術交換－仏印側正式受諾／朝倉彫塑展開く／大陸古名硯展／戸嶋光阿弥漆絵展／柏舟社第三回展　1。山岳画展開く／泉川白水個展絶賛／大日本航空展入選者決定－陸軍大臣賞山本氏・通信大臣賞大石氏／岡崎桃乞名古屋展／彩管をば鶴嘴に／国宝級の釈迦像／最古の石燈籠発見／大同で掘出物－珍しい石仏二基／魯山人近作陶展／台湾美術展の審査員－十月中旬各氏相前後して渡台／読画会作品慰問－静岡県の陸海軍傷痍軍人へ／大輪画院第四回展入選者－六十六名栄冠獲得・新規三十名　2。美術常会其後／巴会開期迫る／独立展開く／乾坤展栄えの入選決定－慎重審査の結果五十一名五十四点／上島鳳山遺作展／今秋の京都美術館／立型第三回展好評／南弗に写楽の版画／井上良齋作陶展　3。
　論評　美術と国民生活　喜多壮一郎　4。美術随想　成田重郎　5。院展同人瞥見　黒田鵬心／院展日本画新人作－新優待制を主として－　豊田豊　8。院展絵画部の新同人－新井勝利と北沢映月－　Ｙ・Ｔ生　9。仏印巡回日本画展につき作家の反省を求める〔無署名〕　10。ロシアの農民美術　山本鼎　12。本阿弥光悦の尊皇（二）　添田達嶺　13。
　展評　二科会展を観る（下）　川路柳虹／立型会洋画展（弥）／第六回山岳画展／小泉葵巳男版画展（弥）　7。航空美術展　木田路朗　10。泉川白水個展　金井紫雲／川島理一郎展　佳波子／村川弥五郎個展　佳波子　11。
　記事　展覧会の暦　1。訃報／噂〔無署名コラム〕　3。玉堂翁文章の力も亦偉大〔無署名〕／漫画は呼びかける（一）　細木原青起　11。訃報／編輯後記　15。
　「金属配給停止の渦紋－彫刻・工芸作家の悩み愈々深刻」　工芸家は従前通り配給　東京美術学校教授・高村豊周／今月中には判然としよう　帝国芸術院会員・朝倉文夫　14。全然見込なし　東京美術鋳造組合理事長・阿部胤齊／諸団体対策に腐心－当局配給量を近日発表　15。
　予報　涼々会特別展　15。

第4号（1941年10月10日）

表紙 伊東深水《微風》。

口絵 松林桂月《松渓》。

グラフ 一水会。第６回新制作派協会展　若き世代の精鋭新制作展開く。新制作派彫刻／九室会航空美術展示会。第三回乾坤社美術展グラフ。第四回大輪画院秋季展。第七回美術新協／第八回明朗美術展。ミケランヂエロの作品／新制作派展特別陳列作品。山下新太郎氏模写（一水会特別陳列）。第十三回朝倉塾展／写真：朝倉塾（集合写真）・文化奉公会々長推載式・乾坤社第三回展・第二回美術雑誌編輯会議（九月二十五日）・大輪画院第四回秋季展。

時評 材料の逼迫と輸送問題　1。

美術旬報 大東南宗院学芸研究所開所式／南潮社解散－大東南宗院に合致／文化奉公会会長推戴式－名士多数参列・軍人会館で盛大に挙行／関西美術懇話会－大阪美術館中心で／日本油絵会結成／現代大家洋画展（日本橋三越）／日動油絵三展－高間・太田・木下各力作／乾坤社陣容拡充－社人四氏準社人廿氏　1。彫塑の大合同聯立展実現／〔乾坤社〕展観披露宴盛大／第五回巴会日本画展好評／平田俊三油絵個展／東京みづゑ会十二回展盛況／旺玄秋季展／新制作派第六回展新入選－新会員六氏推挙・新作家賞七氏／関口俊吾個展　2。荒井龍男洋画展／一水会第五回展新入選者／野口謙蔵作品展／美術新協拡充－新同人新参加各五氏／府主催東京工芸綜合展盛況／日本美術展賑ふ／故雪岱遺作展／長谷川利行遺作展／京都美術館展観／行啓記念写真帖－鉄道省で謹作／航空日本画献納／軍国敬愛の像－長谷川栄作氏の力作／伊太利へ行く代表画百点－見事な画帖完成・駐日大使館に手続／ヒ総統へ寄贈－小坂〔素泉〕氏の「金魚の図」　3。

記事 展覧会の暦　1。〔彫刻〕綜合展の課題作　5。漫画は呼びかける（二）　青起生／美術雑誌第二回編輯会議／国民美術社披露会　11。美術と生活　13。

論評 東洋芸術の特色に就いて　武者小路実篤／一足先に来た彫塑界の新体制　北村西望／画に見た三日月　野尻抱影　4。ミケランヂエロが与へるもの　建畠覚造　6。現代水彩画界を顧みて　石野隆　7。一水会概観　諏訪月鉄　8。時計蒐集記　石黒敬七／漆（承前）　六角紫水　12。本阿弥光悦の尊皇（三）　添田達嶺　14。

展評 新制作派展　川路柳虹　9。乾坤社を観る　金井紫雲　10。美術新協展　村川弥五郎　10。大輪展と明朗展　豊田豊　11。園角太郎個展　13。

工芸 南蛮古陶陳列／府綜合工芸展開く／始めて公開の工芸展審査　15。

美術経済 美術骨董界色めく－地方から気運昂降の兆・岐阜万松館の売立二十二万円／九月二十六日の一楽会好況に新画界俄然愁眉を開く／鬘研究の松田青風追悼展　16。

第5号（1941年10月20日）

表紙 石井柏亭《熱河ラマ廟》。

口絵 前田青邨《出陣》。

グラフ 古画に見る生活描写。一水会出品 2。新制作派新会員受賞者作品。巴会日本画展／柏舟社展。仏印巡回日本油絵展内示会。東京工芸綜合展第一部（高島屋）／北大路魯山人　絵画と陶器の近作展（日本橋三越）。東京工芸綜合展第二部モデル・ルーム（三越本店）。支那古名硯展／大久保実雄個人展／長谷川利行遺作展／井上良齋作陶展。木下孝則個展／高間惣七個展／太田

三郎個展／関口俊吾滞欧作品展／野口謙蔵個展／立型会展。写真：方君壁女士個展／文展第一部搬入／同第二部搬入／旺玄社展／巴会日本画展／東京府工芸綜合展の公開審査場光景／支那派遣軍総報導部の招聘で鬼原素俊中国に出発。

旬刊時評 課題制作の新提案 1。

美術旬報 満国に宣伝美術－躍進友邦の特異性／油絵画家協会〔新潟油彩画家協会結成〕／新水彩協会改組再発足／龍子作大壁画－南京の満洲公館に／輝く第四回文展入選者－日本画一三五点・新入選三〇点 1。洋画二三〇点－新入選七九点／彫塑一一七点－新入選二六点／工芸一七〇点－新入選三六点／「選後感」日本画部審査委員長・野田九浦氏（談） 2。洋画部審査委員長・辻永氏（談）／彫塑部審査委員長・吉田三郎氏（談）／工芸で圧する地方／大南洋展／失明勇士に感謝する素人美術展／平塚運一版画展／河井棟方両個展／一至会三回展／「創成」旗挙展／新進福原俊二氏－新制作派展に初入選／内閣情報局愈々動く！－在野の新制作派及独立の幹部有志と会見／情報官秦一郎氏　京都に滞在予定 3。

記事 展覧会の暦 1。南京点描－秦淮の画舫　文化奉公会特派員・三輪孝 12。二石の牛乳一五〇〇個の鶏卵〔「ハリバ」の商品広告〕 14。編輯後記 16。

論評 時局と美術－才能の幅について－　植村鷹千代 4。戦争絵画偶感　田近憲三／絵画に現はれたる庶民生活　鳥海青児 6。仏印へ行く日本の油絵－仏印絵画展覧会開催について－日本印度支那協会・村上脩 8。亡ぶか、赤都の美術－露西亜近代絵画の一瞥－　木田路郎 9。名硯の話（一）　後藤朝太郎 10。本阿弥光悦の尊皇（四）　添田達嶺 13。工芸美術界時言　豊田勝秋 14。

展覧会評 巴会第五回展評（豊）／北大路魯山人近作展　信楽紅人 12。東京工芸展について　東京府工芸協会・大島隆一 14。関口俊吾個展（佳）／木下孝則作画展（佳） 15。

美術経済 〔美術骨董及び新画業界〕好転活躍は月末から／大阪府に早くも工芸審議会／高島屋の戎裂〔えびすぎれ〕復興／信州戸隠山天井揮毫を中絶して鬼原素俊氏支那へ出発 16。

第6号（１９４１年１０月３０日）　文展特輯（日本画・工芸）

表紙 堂本印象《戦機》。

口絵 上村松園《夕暮》。

グラフ 第四回文展出品作品（日本画・工芸）。写真：伝神洞画塾献納画展会場にて／武者姿の児玉希望氏／岡田行一氏肖像画展（秋姿）／美術家常会の二重橋勤労／双台社工房開所式。

旬刊時評 第四回文展開く 1。

特輯「文展（日本画・工芸）」 第四回文展開催に際して　文部省学芸課長・本田弘人 1。文展の日本画　田中一松 2。日本画一巡　金井紫雲／文展の回顧　塩田力蔵 5。文展漫華鏡　絵と文・池田さぶろ（「一列入場」5、「防空壕」／「最小の工芸品」6、「現代婦女図」／「屏風」7）。

特輯「文展をいかに見るか（日本画と工芸）」 松園女史が秀逸　黒田鵬心／文展門外観　宇野浩二 8。文展画の画面構成　金原省吾／もの足りない文展　田沢田軒 9。文展の工芸　森田亀之助／秀真翁の作品を押す　高村豊周 10。日本画特選の人々（橘田永芳・江崎孝坪・向井九万・寺島紫明） 11。「審査員は語る」（野田九浦・伊東深水・白倉嘉入・吉岡堅二） 12。日本画特選・新人・新進　豊田豊 12。文展工芸を評す　渡辺素舟 14。第四部の作品について

大島隆一 15。文展工芸雑感 大山広光 16。文展柳樽 風来坊 17。第四回文展出品目録 18。

展評 甲斐巳八郎個展(弥) 17。

美術旬報 勤皇画家菊地容齋六十四年祭／双台社工房分室設置披露盛会／第四回文展栄えの特選－第一部(日本画)四氏第四部(工芸)十三氏／川崎美術協会結成－来月川崎市展／東都大家日本画展／炉辺工房旗挙展／岡田行一第八回展／長谷川利行遺作展と明治大正物故名家回顧展／第一回出征軍人美術家展－上野松坂屋で連日好況／日本美術協会展－書と篆刻・入賞十氏／八炫社旗挙展－岡崎で作陶陳列好評／向日荘日本画展／名家日本画展(京都大丸) 20。

記事 展覧会の暦 1。編輯後記 20。

第7号（１９４１年１１月１０日）　文展特輯（洋画・彫刻）

表紙 鶴見守雄《水色のスエーター》。

口絵 山下新太郎《少女坐像》。

グラフ 文展出品作(絵画・彫刻)。吉田登穀個展／伝神洞塾将士慰安献納画展／棟方志功展／写真：黒門会。

旬刊時評 制作心の萎微を戒む 1。

論評 戦争と文化 情報局第五部長・川面隆三 1。

「文展特輯」 文展(第二部)洋画を観る 村田良策 3。文展洋画部一巡－各室作品の紹介－村川弥五郎 5。文展漫画鏡(2)池田さぶろ(絵・文)(「図書館長図」5、「無風帯」／「爆撃 唯一の戦争画」6、「裸人群像」7)。「文展所感」(鑑査の後で 中村研一 6、洋画以外で 柳亮／彫刻の特選 本郷新 7)。文展(第三部)彫刻を評す 大蔵雄夫 8。文展洋画第三室の作品 川路柳虹 9。文展の佳作 荒城季夫 10。作品と内容 成田重郎 11。文展洋画部の新人たち 江川和彦 12。第四回文展出品目録 13。

記事 展覧会の暦 1。展覧会の暦 16。編輯後記 18。

美術旬報 カトリック美術協会第六回展(内示)／整址会一回展／第四回文展栄誉の特選－第二部八氏・岡田賞二氏・第三部八氏／以心画社展／朗峰画塾素描展／「水彩時代」結成／東美成績展示会／五采会旗挙展／工芸品割愛展／三宅〔克己〕石川〔欽一郎〕水彩画展／朝鮮総督府後援朝鮮古美術展－華々しく廿一日から日本橋高島屋／明日から尚美展／神庭白黎新作展／真制美術試作展／新燈社作品公募・第十九回展 16。鹿子木孟郎氏遺作小品展／岡本太郎作品展／「法隆寺は飽くまで非再建」－足立博士若草伽藍址発掘に依り証示／大壁画模写事業－遂に暗礁へ／大政翼賛会後援志士遺墨展－大東南宗院展主催で十二日から三越本店／山岸主計版画展／日本人形美術院旗挙展／関口俊吾氏欧州戦線スケッチ展／世紀美術創作協会二回展－本月廿九日から京都岡崎公会堂／古陶磁茶器展／大三島の鎧再検討へ－靫彦・忠夫二氏／斗牛会一回展／手工芸綜合展 17。福岡の美術展－県美術と水上泰生展／新興岐阜美術院第一回展／清籟社展好評／小杉放庵個展／東陽会試作展／大森光彦作陶展／絶賛の大阪市美術館名宝展／斥土会展盛況／新井謹也陶芸展／三都表装研究会展／山下麻耶新作展／大阪巧芸社展／乾坤社展好評／大礼記念京都美術館秋期特別陳列 18。

第8号（1941年11月20日）
　表紙　児玉希望《秋色山水》。
　口絵　山川秀峰《高砂》。
　グラフ　黒門会。文展の洋画と工芸。池上秀畝社中。第二回以心社展。出征軍人美術家展。現代名家新作風景画展。春陽会第一回秋季展／第三回美萌社展。第一回水彩時代展／岡本太郎滞欧作品展／関尚美堂展新作展。三井洋画コレクション／関龍夫個展／第一回二人展／佐藤一章第一回個展／写真：宏心会。
　旬刊時評　美術の需給　1。
　美術旬報　最古の絵看板（早大演劇博物館）／世界的な現代美術館設立企画－皇太子殿下生誕奉祝記念事業／近藤〔光起〕氏の「少女像」京都美術館へ／満洲建国十周年慶祝会計画成る－駄目の和洋名作画献納と満洲国宝展／鶴田吾郎個展－従軍行の素描試作／海拉爾美協展（満洲国興安北省会館）／浜田庄司作陶展／故〔村上〕華岳追憶展（大礼記念京都美術館）　1。仏印進出日本画展圧倒的歓迎－ハノイ以後の各地で我が油絵参加／沢田宗山個展／互々会新作展示／注目さる！画期的な画壇人の試み－大東南宗院「維新志士遺墨展」／遊戯三昧会文墨展／涼晨会旗挙展／田口省吾個展／東京鋳金会工芸展好評噴々－一堂に満つ大家会心の力作一五十点／茶道工芸品展盛況／日本画大壁画愈々泰国首府へ／上村松園女史彩管慰問の旅／アウリッチ氏日本文化史を講演／名家新作鑑賞展／佐藤一章近作展　2。墨画研究所設立－主事矢野文夫氏／白木屋画廊新装／旺玄社事務所変更　3。
　予報　明春の青衿展へ小早川清氏出品／彫刻家各団体の大綜合展－参加続々・明春六月上野府美術館／世紀美術展／大川武司二回展／日東美術院第一回公募展／新構造社展／井高帰山個展／工芸済々会第十回発表展／緑巷会小品展／彩犀会二回展／古賀忠雄紙塑展　3。
　展評　文化奉公会美術展　伊原宇三郎　6。方君璧女史個展／独立秋季展／旺玄社秋季展／斥土会展／野口謙蔵個展／黒門会展／霜林会展　14。岡本太郎滞欧作展／庫田叕個展／失明勇士に感謝する素人展／吉田登穀氏個展　15。
　論評　芸術を昂揚する動力　西村真次（文学博士）　4。戦ひの秋　浅野晃　6。最近の美術批評　浅利篤（出版文化協会文化部）　7。「文展作を巡りて」（塙保己一を描く　島田墨仙／楠公と文展制度の事　児玉希望　8。南蛮黍と菖蒲　森白甫／木彫の飛躍　沢田晴広　9）。文展批評を衝く　田島一夫　12。工芸鑑査の後で　楠部弥一　13。
　美術経済　芝の美術倶楽部入札開始－幽篁堂等五札元で／三都表装研究展／美術倶楽部賃貸料－一割を値下げ／国風盆栽展迫る－小品を陸軍病院に献納　16。
　記事　展覧会の暦　1。文展名作をよめる　下田晴子　7。支那の虫籠　後藤朝太郎　10。美しきもの　村岡花子　12。現地画信（一）　鬼原素俊（絵と文）　13。編輯後記　16。

第9号（1941年11月30日）
　表紙　建畠大夢《慰霊塔》。
　口絵　西山翠嶂《小閑》。
　グラフ　美術文化の交流－古代。第一回青々会展。第一回忠愛美術院展／真制美術会試作展。美術教育者によつて毎年開かれる大潮会展。清籟社展／第一回日本人形美術院展。犀彩会第二回

展（加越美術協会）／三塔会第一回展／大川武司第二回個展／和風会展。写真：第四回美術雑誌協議会（十一月十五日正午三信ビル東洋軒）／「忠愛美術」晩餐会。

旬刊時評 近代美術館建設決る 1。

美術旬報 満洲美術家協会奉天支部結成式／瀧野川美術家常会結成！／革丙会々員研究の旅へ／国画工芸協会同人小品展賑ふ／新燈社十九回展／海軍館壁画揮毫の一行－呉の海軍参考館と大三島の鎧見学／日本版画協会十回展／風土会第一回展／新興岐阜院展入賞者六氏 1。川端龍子氏等青々会結成／名家木彫展／日東美術院第一回展盛況／〔橋本〕関雪書画鑑賞展／大河内千慧個展／堺芸術報国聯盟聖戦展好評／川崎展授賞者－日本画二洋画四／小島〔真佐吉〕・小竹〔義夫〕二人展／横浜美協十回展－入選者二十二／二科大阪展閉会／新構造社第十五回展開く－入選数八十一名／横浜市工芸展／逸品かずかず－白日荘の大家日本画展／小島沖舟日本画展／黒田新洋画展 2。大理石彫刻展示／感激の忠愛美術院旗挙展－意気軒昂・白衣勇士の力作百十三点／燦扇第二回展／橙黄会展盛況／広島美術人協会結成旗挙展／新興美術十回展－入賞者二十氏／大潮会第六回展愈々蓋明け－入選数三八五点／早大の資料展－師宣の絵看板／世紀美術色紙展 3。

予報 水彩聯盟二回展／新世紀四回展／赤堀信平個展／日本彫金会第三回展迫る／栃木県美術協会展帝都進出／創元会油絵展／和風会美術展 3。

論評 臨戦時下と画人 高須芳次郎（文学博士） 4。科学の眼から観た文展－文展の鳥獣画の種々相－ 内田清之助 12。

「現代美術館の建設に就ての所感」 予算編成上の喫緊事 石井柏亭／問題は建設場所 結城素明 8。建築様式は純日本式に 北村西望／現代クラシツクの尊重 川路柳虹 9。

展評 文展作品の傾向（文展一、二部総評） 有島生馬 6。第一回青々会展／正宗得三郎日本画展／人形美術院展／春陽会秋季小品展／平塚運一創作版画展／第二回整址会展 14。大潮会第六回展 村川弥五郎 15。

美術経済 今文展総入場者廿三万余－売約計三万八百余円・李王家御買上・政府買上品／新税の強打－美術界の負担／美術倶楽部に巨頭会議／展観出品も同じく二割税負担／青年会理事を若手に繰下げ改選／去月下旬の売立 16。

記事 展覧会の暦 1。個人消息 3。名硯の話（その三） 後藤朝太郎 6。大久保東京市長謹話 9。従軍作家漫訪（川端龍子・川島理一郎） 池田さぶろ（絵と文） 10。橙黄会について 富安風生／新刊紹介 13。川治の晩秋 鹿児島二喬／秋冬句抄 及川貞女 15。編集後記 16。

第10号（1941年12月10日）

表紙 牧野虎雄《風景花葵》。

口絵 園部香峰《立正安国》（三部作の中）。小林古径《むべ》。

グラフ 七絃会第十二回展。新作日本画三越展。「力の美術」。第一回日東美術院展。新構造社展。「ユダヤ人の絵画」。蛭子屋里経新作日本画展／赤堀信平彫刻展／第一回新興岐阜美術展／井高帰山個展／伝川白道第一回展／写真：大潮会懇親会／京都絵画専門学校研究科作品（日本橋高島屋）／和風会展。

旬刊時評 美術伝統の尊重 1。

美術旬報 東京美術家常会城西部動静／文展の京都陳列－東京より三百六点減／国宝等かずかず－根津美術館第一回展に観衆悉く驚喜／新東亜美術工芸展蓋あけ／新構造社受賞－会員会友推薦／和風会美術展好評　1。日東美術院会員推挙並推賞／島田忠夫日本画展／山南会受賞者新会員推薦／石川朝彦と上野米雲新作邦画彫刻並列展／井高帰山作陶展／日本版画協会－新会員と授賞／蛭子屋里径個展／緑巷会展賑ふ／「白茜会」誕生－第一回展好評／伝川白道子南画個展／福田恵一個展／石川欽一郎・三宅克己水彩画展／爽協会結成旗挙展／土佐林豊夫個展／大潮展受賞者／秋香会洋画展／長谷川白峰陶磁展／朝鮮の国体明徴館壁画進行－樺原正美氏斡旋　2。仏印の古代美術品到来！－驚異の数々・聴て帝室博物館に陳列／栖鳳氏の新作－二万五千円の「柳鷺」／大潮会懇親宴盛会／宮本武蔵の書画　3。

予報 六合会結成／勤皇画家富岡鉄斎作品展／新古日本刀展／北島浅一個展／矢部友衛個展／新日本美術聯盟結成さる－新日本美術聯盟と真制美術会合同・十二日から廿日迄上野で第一回展／古賀忠雄紙塑彫刻展／佐伯米子個展　3。

論評 世界を攪乱する猶太人と近代西欧画壇　川路柳虹　4。最近アメリカ画壇漫談　矢部友衛　7。南画私観－文人画の本質について－　古川北華／長谷川利行追悼　高崎正男　8。古典美の一考察　三雲祥之助　10。文展と指導性　林翠　13。京都画家の時局色　吉副禎三　14。異色ある画家山下麻耶氏の作品　豊田豊　15。

展覧会評 七絃会を観る　金井紫雲／七絃会をみて　下田晴子　12。第十九回新燈社美術展／彩犀会展／関・大山二人展／水彩時代展／緑巷会小品展　15。

美術経済 金属類特配停止に除外例！－作家の資格調査進捗・新人の認定頗る注目／彫刻家への地金配給減量－千二百キロを聯盟から鋳造家へ配分　16。

記事 展覧会の暦　1。個人消息（柳亮・小山栄達・佐々木順）　3。情報局次長奥村喜和男氏の肚をたゝく　池田さぶろ（絵と文）／金属作品の運命　会田富康　11。編集後記　16。

第11号（1941年12月20日）

表紙 穴山勝堂《新潮》。

口絵 堂本印象《白鷹図》。

グラフ 輝く吾が海戦絵画。涼晨会第一回展。創元会。橙黄会第一回展／世紀美術創作協会。新燈社美術展。水彩聯盟第二回展。

巻頭言 大東亜戦争だ！　蹶起せよ全美術人　1。

社説 大東亜戦争と美術人の使命　2。

旬刊時評 昭和十六年を送る　3。

美術旬報 「兵庫県美術院」明春結成式－県展と聯盟合同／瀧野川美術家協会結成式－八日同区女子聖学院講堂で盛大に挙行／東京美術研究所記念講演会賑ふ／葱青社と竹立会合同時解散－時局に鑑み更生の機構を結成する前提／第十九回新燈社展受賞者　3。第三回研究会展／大家油絵展／沼田一郎洋画展／丹光会展好評／美友会工芸展／吉田叡示陶彫馬展／森英仏印油絵展／赤堀信平個展／京都名家名工作品展／高橋暉山試作展／水彩聯盟二回展／絵更紗創作作品展／世紀美術二回展／山下昌風日本画展／尾山篤二郎個展／小松義雄個展／大川武司第二回個展／林司馬個展好評／日本彫金会展／九品庵小品展－逸品揃ひで観衆陶然　4。新作絵画・工芸展／松島画舫展

延期／名家花鳥画展延期／南蛮堂展中止／文展を聴いて観る会／イ武官がジエルヂス大佐賞－同国の武勲を称揚せる邦人作品に贈呈／見事！ 清麿公陶像／皇軍最古の軍旗記念の戦場画－小林清栄氏制作献納／「マレー沖海戦画」海軍へ献納－松添健氏の力作／珍しや和蘭船首像　5。桂月画伯の義挙－病中金一万円を航空資金に献金　15。

　予報　吉田翠鳳個展／現代陶匠新作展／小島一谿個展　3。

　論評　昭和十六年の美術界回顧　黒田鵬心　6。日本絵の具の性質　遠藤教三／美術界煤払ひ　愚直庵主人　8。明治画壇夜話　塩田力蔵　10。魚図　佐藤惣之助　12。

　展評　大東亜戦開始と日東美術展－第一回展評に代へる　豊田豊／矢部友衛個展／岡田謙三新作発表展／佐伯米子個展　13。新世紀展／菁々会第三回展／石川確治氏個展／和風会展／研究会三回展／吉田叡示氏百馬展／赤穂義士版画展／萩原靭氏個展／第八回創造美術協会展　14。

　美術経済　下半期の売立界不振の極－総算二十二万円　16。

　記事　展覧会の暦　1。新刊紹介　7。編集後記　16

第12号（1942年1月1日）　根津美術館列品・大東亜戦争と美術を語る座談会

　表紙　竹内栖鳳《緑蔭古寺》。

　口絵　川合玉堂《晴れゆく富士》。

　グラフ　特輯「根津美術館第一回展観列品」。現代名家新作花鳥画展。「美術家の想像と創造」川路柳虹。「アメリカの現代画」。古賀忠雄紙塑個展／小島一谿個展／美術文化小品展／写真：第五回美術雑誌協議会／水彩画最高作品選定委員会。

　グラフ　特輯「絵と随筆」　池上秀畝《社頭の朝》「戦捷祈願」1。児玉希望《戦捷の迎春》／鏑木清方「絵の働き」2。伊東深水「心構の建直し」《上海租界を望む》3。宮本三郎《児供スケッチ》「顔・服装」4。梓秀人「山に棲む」／鬼原素俊《戸隠山連峰》5。西沢笛畝《絵馬を描く》「絵馬」6。飛田周山「機上の日の出」《機上より見る朝》7。野田九浦「勤皇の画人」《馬》8。

　巻頭言　決戦時下迎春の辞　1。

　美術旬報　大輪画院会員祈念／大阪日本画家報国会結成－戦時下彩管報国に邁進を会員一同誓約／日本画家中堅層俄然起つ！－職域奉公に邁進／現代名家新作花鳥画展－旧臘高島屋で盛況／世田谷美術奉公団結成す－公共施設等に協力・生活乾燥化防止に本腰／銀潮会旗挙展－旧臘銀座ギヤラリー　1。高橋一智陶磁展／二千六百一年度水彩画最高記録賞－山本不二夫・不破章両氏へ／第一回野間美術賞安田靫彦氏へ－野間挿絵賞は齋藤五百枝氏獲得／新東亜美術工芸賞褒賞授与／昭和みづゑ会改称日本水絵協会第四回展盛況／京都の文展入場者六万余－前回より約二千名増・会期中頗る盛況／京都市買上品／並木哲夫第三回展／工芸菁々会展／笠原靭日本画展／北斗会銃後美術文化昂揚展／茶趣味朝鮮古陶器木工品展／羅馬美術学校へ縁りの伝記寄贈〔松岡寿伝記〕　2。誕生仏の厨子－美術粋盡す合作成る／雪舟秋月の合作熊野徐福祀図－北京で発見さる／ヒ総統とム首相へ「猛虎」の絵寄贈－鎌田翠樟氏の力作／注目の陶彫製作－吉田叡示岡本金一郎両氏／「季刊美術」発行　3。

　予報　新旧絵馬の展／春台展公募／太平洋画会第卅八回展　3。

　特輯「決戦時下二千六百二年の美術界に望む」　日本画界へ－情弊の清算と批評の革正を望む　金原省吾　4。洋画界へ－大東亜戦争の意義を完遂せんことを望む　川路柳虹　5。彫刻界へ

　　　　―時代認識と青年作家への翹望　大蔵雄夫／美術家の手による美術品の保護運動　伊原宇三郎　6。
　　記事　展覧会の暦　1。個人消息　3。現地画信（二）　鬼原素俊　12。現地画信（三）　鬼原素俊　15。戦争を語る－中村研一氏漫訪　池田さぶろ（絵・文）　23。新年広告に就いて　24。
　　座談会「大東亜戦争と美術を語る　文化奉公会々員」（出席者：陸軍嘱託　池上恒、東京音楽学校助教授　伊藤武雄、文化奉公会　十合薫、創作家　棟田博、二科会員　野間仁根、陸軍少将　桜井忠温、洋画家　笹岡了一、美術新報社長　猪木卓爾、同編輯顧問　川路柳虹）　8。
　　論評　アメリカの現代美術－附・メキシコ現代画家－　北川民次　18。日曜日の画家－税官吏であつたアンリ・ルウソオ　成田重郎　20。根津美術館の創立　谷信一／支那歴代絵画展を観る　古川北華　22。

第13号（1942年1月20日）　富岡鉄斎特輯

　　表紙　富岡鉄斎《東流僊苑図》。
　　口絵　富岡鉄斎《幽渓談古》。
　　グラフ　富岡鉄斎作品特輯〔全7頁、絵画13点・扇面2点・書2点〕。三井洋画コレクション第四回陳列。太平洋の民俗芸術。西欧名作鑑賞－アンドレア・デル・カスタニヨ　使徒（部分）。二千六百一年度水彩画最高作品受賞作／写真：野間賞授与式　4。
　　展評　三井コレクション第四回を観る／勝田寛一個展　1。磯田蓉工「イラン脱出行」絵画展／創型美術展／高間惣七日本画展　2。吉田翠峰個展／鬼原素俊氏中支風物スケッチ展　3。
　　記事　池上塾の慰問画揮毫〔写真あり〕　2。展覧会の暦　5。個人消息　7。編輯部より　9。
　　旬刊時評　新しき芸術施設を望む　5。
　　美術旬報　銀潮会旗挙展／山田皓齋油絵展／新帰朝磯田蓉工氏イラン景物展／小島一谿個展／古賀忠雄紙塑展／山口県工芸協会主催　萩焼展帝都進出／時代民芸品展盛況－「佐渡と越後」を中心に／川端実第一回展／独逸と仏蘭西美術協力－マチス等諸家訪独　5。畏し久邇宮殿下－池上秀畝画塾員に御下賜品・赤誠の献画に応へ陸軍画餐の饗応／晨潮会展　6。
　　予報　名取明徳個展／水彩画最高記録賞授賞作品展／橋本欣三舞台装置展／満洲国皇帝陛下献上画展－名家力作を本年七月帝室博物館表慶館・引続き同館で今秋九月には満洲国宝展／街頭でも富岡鉄斎遺作展－期待多大・明廿一日から廿五日迄三越　6。第十七回春台美術展目睫－明日入選発表／朱玄会五回展／白日会公募展／第十回東光会展作品公募／撥草会旗挙展／十回展を前に旺玄社刷新／軍器献納－院展同人挙る力作　7。
　　論評　「富岡鉄斎特輯」　鉄斎翁とその時代　水沢澄夫　8。御陵修復と富岡鉄斎　村松梢風　10。大浜時代の鉄斎翁　正宗得三郎　12。先生の遺徳－富岡鉄斎遺作展の開催に就て－　西沢笛畝／遺作所蔵者と語る　田中貞　13。
　　回答　「一　大東亜戦争／二　本年の私の仕事」　正宗得三郎・高畠達四郎・西沢笛畝・内田巌　10。伊原宇三郎・山川秀峰　11。
　　対談　「東亜新文化と美術の問題」　高村光太郎・川路柳虹　14。
　　論評　源頼朝－日本武将の祖　生方敏郎　18。決戦時下本年の工芸界へ望むこと－さまざまの旧弊を清算せよ－　大山広光　20。

第14号（1942年2月1日）

表紙 不詳。

グラフ 弘仁の彫刻（法華寺《十一面観音像》／新薬師寺《本尊如来像》ほか）。奥村土牛《冬暖》／森白甫《春寒》。白日会第十九回展特別陳列。第十九回白日会展。第十七回春台美術展。西欧名作鑑賞－サンドロ・ボチチエリ《ヴイナスの誕生》。白日会展とその特陳　1。春台展　2。

展評 白日会展とその特陳　1。春台展　2。二つの鉄斎展　3。菊山氏古伊賀展／児童美術展を見て　江川和彦／素顔社第十二回展　4。

旬刊時評 金を考へに入れるな　5。

美術旬報 新版画会展－阪急画廊で盛況／うたゝ偲ぶ高士の風格！－勤皇画家富岡鉄斎遺作展／川端実滞欧作品展／古川義一第二回個展／菊山当年男展－伊賀焼最近作好評／絵画報国に女流洋画家群－朝野併せ百余名　5。油彩画家全体的献画－挙げて三千五百名の奉公／正宗得三郎氏近作油絵展／創造美術展好評／資生堂の三人展（矢橋六郎・山口薫・森芳雄）／三聖代の傑作国史画と「朝日新聞賞」を安田靫彦氏名誉受賞す／晨鳥社新役員／神保俊子洋画展－満鮮に取材の作品／新壁画協会結成－菊屋で第一回展／岩橋永遠・丸木位里・船田玉樹三人展／三千仏大曼荼羅－広隆寺で発見／写真：一月十六日日比谷公園松本楼で開催された美術雑誌協議会編輯会議　6。油絵「香港を望む」－清水練徳氏陸軍に献納／谷本蘇牛氏献画／青衿会後援会成る－去月二十五日に発会式　7。

予報 伊谷賢蔵個展／佐藤華岳個展　7。

論評 弘仁の行動性　金原省吾　8。仏蘭西現代画壇を知らぬ仏印－日本の力で見せてくれ－　藤田嗣治　9。露艦入港と宇喜多一恵　藤森成吉　10。近世画壇放談　塩田力蔵　14。工場と美術家－美術人を信ず－　浅利篤　17。シルエツトの話　上田憲司　18。

対談 「東亜新文化と美術の問題」（二）　高村光太郎・川路柳虹　12。

美術経済 試験石的入札－平山堂努力／書画交換会－挙つて美術倶楽部へ／美術倶楽部の総会と稲荷祭／東西の美術倶楽部改称／芝の美術倶楽部の一部糧抹本廠に徴用／軍へ千円献金－元富士美術商同志会／東京日本画材料商組合－星港陥落に国防献金実施／宏心会－表装初研究会・陸海軍へ献金発表　20。

記事 展覧会の暦　5。消息　7。私事乍ら（消息）　猪木卓爾　17。紙面拡張に就て－展覧会グラフ四頁原色画一葉増頁断行　19。編輯後記　20。

第15号（1942年2月10日）

表紙 山川秀峰《蕃女と蕃童》。

グラフ 重要美術品抄－昭和十七年一月二十一日認定。青衿会第三回展。朱玄会第五回展／松本俊介個展。古名画に見たマレーの手長猿。撥草会。

展評 青衿会を観る　金井紫雲　1。水彩画最高展／松本俊介個展／朱玄会展　2。撥草会展／玉樹・永遠・位里三人展／川端実作品展／古田義一個展／新壁画協会展　3。名取明徳個展／若狭物外南画展／佐藤華岳個展／草友会展　4。

図版 青衿会展　1。阿部治郎吉油絵展　2。撥草会展／吉田石堂個展　3。不二会第一回展／

佐藤華岳個展　4。

　論評　古賀忠雄氏の紙塑彫刻　大蔵雄夫　4。神々の苑に佇つ　池田遥邨　5。近代漫画の父オノレ・ドオミエ－その芸術と晩年－　鈴木秀三郎　6。「をかしみ」と「あはれ」－芭蕉の俳諧一断面－　久松潜一／書道の「道」といふこと　岡本一平　8。漫画及び漫画家の性格　川路柳虹　10。古名画に見たマレーの手長猿　下店静市　12。

　記事　広瀬熹六『古画印章模写集』　8。漫訪　齋藤素巖氏　池田さぶろ／戦捷譜　鳥居帆雨　14。重要美術品の新認定／話〔無署名コラム〕　15。星港を前にして　白井丈二　16。展覧会の暦　17。編輯後記　20。

　旬刊時評　精神慰安と美術　17。

　美術旬報　大国主大神の木彫を首相に寄贈－彫刻家佐藤直身氏／彫塑界の最大団結なる東邦彫塑院解散す－一元的国策翼賛の見地から／陸海軍集会所の玄関に大彫刻－堀江赳氏苦心の謹作／朱玄会展盛況－三越で力作三十点　17。日泰文化交換の絵画展－今秋泰国・涼々会員力作と池田朋昭氏苦心作／諸大家色紙展（銀座青樹社）／不二会油絵展好評／三越の翼賛美術展絶賛－注目された白衣勇士諸作品／京都十匠作品展（大阪・三越）／吉田石堂新作展／春台美術の賞と評議員〔同頁に懇親会の写真〕／春台展の辻永氏作品紛失－山崎坤象氏曰くミモリザ〔ママ〕の失踪以上　18。水彩画推奨記録展大盛況－銀座青樹社・果然光る受賞二氏作品／白日会受賞－会員推薦四氏／第三回春耀会展大丸で賑ふ／名取明徳個展－第三回を高島屋／松本俊介二回展（日動画廊）／若狭物外南画展　19。

　予報　光風会公募〔第29回〕展／国洋美術〔第3回〕展／全日本画家の献金－洋画聯盟も同時結成す・一月三十一日日比谷と上野で　19。

　美術経済　東京美術会館改称第一回売立展観－来る十四日から平山堂・本山・水戸幸・米山居四札元で／更生会交換会／香取明神絵巻－水戸の彰考館で発見／売立の三枚札事件再燃し－奇怪！伊藤社長の写真美術会館から姿を消す　20。

第16号（1942年2月20日）　古代波斯の芸術

　表紙　古代波斯のミニアチユール。

　口絵　《両獅子喜戯》　中世ミニアチユール（蒙古派）。

　グラフ　「回教絵画の源流」（波斯のミニアチユール。古代波斯の建築と彫刻。波斯の工芸。）百済観音は日本作－法隆寺仏像の再検討。光風会展。第三十八回太平洋画会展。日本美術院同人作品展。光風会第廿九回展　1。太平洋画会第卅八回展作品　3。

　展評　「最近の展覧会」　光風会と太平洋画会　K　1。伊谷賢蔵個展　2。素顔社展　3。

　「絵と文」　シンガポール回想　東山魁夷　4。新居風景　牧野虎雄　5。

　特輯　「イラン美術」　イラン芸術概観　笠間杲雄　6。回教絵画の源流　青柳正広　8。古代波斯の彫刻・建築・工芸　川路柳虹　11。現代のイラン　磯田蓉工　13。波斯古詩　Rubayyatより　蒲原有明訳／波斯古代四行詩について　14。

　論評　国宝百済観音は日本作－法隆寺仏像の再検討－　田中万宗　15。

　旬刊時評　画壇の愛国態勢と文化工作　17。

　美術旬報　京都美術館陳列品の寄贈／財団法人岡倉天心偉績顕彰会文部大臣より認可－本年五

月末越後赤倉妙高山荘で披露／白日会富田氏提案反響多大－美術家大会の白眉／大美術殿堂建設軌道に－工費二百五十万円は市から・五百万円は財界側有志拠出　17。岐阜画人協会この程結成－役員決定／七三会から陸海軍へ献金－主催の翼賛美術展成功裡終幕／橋本関雪塾の新篁会新役員／「国民美術」廃刊／光風会入選者－絵画一五六工芸三四／白宏会結成／池澤賢個展好評／安部治郎吉個展／白鳳会結成／青年美術集団展／伊谷賢蔵個展－渡支研究作を青樹社／東宝舞台美術家集団展－第四回を二十六日迄　18。安南皇帝陛下日本画展御賞美－藤田嗣治氏に初の文化勲章　19。

　予報　七鳳会六回展／大輪画院春季公募展－三月九日公募搬入受付を開始／新美術家協会第十四回展／太平洋画会第卅八回公募展／日本画院展／春の緑巷会展　19。

　美術経済　一般衣料の切符制に伴ひ絵絹・表装裂も切符制－俄かにそれと知り大恐慌で対策中／業務用切符で売買－数量は関係団体から申請・商工省近藤事務官談　20。

　記事　新刊紹介　14。映画化された表装師『家族』　16。展覧会の暦　17。消息　19。編集後記　20。

第17号（1942年3月1日）　水彩画の問題

　表紙　彫刻《ニオベの娘》。

　口絵　八大山人《小禽》。

　グラフ　「海外水彩画作品集」（ドラクロウ、ブレイク、ターナー、アーサー・メルヴィル、クローゼン、イースト、コンスタン・ギース、サーヂエント）。新美術家協会第十四回展。新美術家協会展特別陳列作品（ロートレック、ロオランサン、ドラン、ヴアン・ドンゲン、セザンヌ、マネエ、ブラック夫人、ザツキン）。白宏会。

　展評　新美術家協会展　1。佐藤武造漆画創始展／パステル作展／中川一政水墨展　2。青年美術家集団展　3。

　詩　「昭南島入城祝歌」－星港陥つ　世紀の大偉業成る　佐藤惣之助　4。

　特集「現代と水彩画の問題」　明治の水彩画家－浅井忠氏その他のこと－　石井柏亭　5。英国の水彩画　石川欽一郎　6。英国で見た水彩画　石川寅治　8。『みづ絵』の世界　北川民次　9。水彩画は余技か本技か　木田路郎　11。水絵断想　中西利雄　12。

　座談会　「共栄圏と日本工芸の進出」（1）　東京美術学校教授・森田亀之助／同・津田信夫／同・高村豊周／猪木卓爾／川路柳虹　13。

　旬刊時評　戦勝に伴ふ文化進出　18。

　旬報　仏印日本画展報告－国際文化振興会の巡回結果／安田靫彦氏等建国絵巻企画／「彩管報国の赤誠燃えて陸海軍へ献画殺到」（小早川秋声氏筆－遊就館壁画四作遂に完成／藤田嗣治氏筆－落下傘部隊奇襲降下の図／西山塾青甲社塾生等の力作十六点／女流画家報国会－多彩の八四点／京都染織繍協会－逸品三十四点）　18。太子奉賛会の審査終へた太秦広隆寺新宝物／院展同人軍機献納会／中川一政水墨展／京都染織美術展／諸大家富士百景展／青衿会授賞　19。

　予報　古川北華展／独立美術展／鬼面社四回展／無求会第二回展／旺玄社十周年記念展－牧野虎雄氏の代表作を年代順に展列／原勝郎滞欧展　19。

　美術経済　中京近藤家の売立好況－総額二十五万円余・東京美術会館の新体制ぶり目覚ましく・

耀に三千円続出の稀観　20。
　　記事　展覧会の暦　18。

第18号（1942年3月10日）　　特輯　南方美術圏

　　表紙　ジヤワ仏頭。
　　グラフ　「南方美術圏」（仏印・泰・ジヤワの古代美術）。独立美術協会第十二回展。旺玄社第十回展（牧野虎雄特別陳列）。旺玄社第十回展　1。
　　展評　京都画家聯盟献納画展　豊田豊　2。古川北華個展／圜丘会展　3。七鳳会展／モスコー・スケツチ展／漆原木虫版画展／緑巷会第四回展　4。
　　特輯「南方美術圏の検討－仏印・泰・爪哇の古代彫刻」　アンコールの彫刻　土橋醇一　5。ボロ・ブドウルとジヤバ彫刻　川路柳虹　8。泰の古代仏像彫刻　川島理一郎　9。バリ島の美術遺跡と風物　山尾薫明　10。
　　座談会「共栄圏と日本工芸の進出」（2）　東京美術学校教授・森田亀之助／同・津田信夫／同・高村豊周／猪木卓爾／川路柳虹　11。
　　論評　宣伝美術としての紙芝居　松永健哉　15。今後を担ふ人々（一）－独立展の巻－　江川和彦　16。光風会と太平洋画会の新人　矢野文夫　17。
　　記事　陸軍十五画家を南方増遣　17。展覧会の暦　18。
　　旬報　新国宝指定会議－新たに八十八件を決定／木村武山氏－水戸通信学校へ塾生等と力作廿数点寄贈／帝美入試迫る／珍し生野鉱山絵巻／津田青楓茶掛展／圜丘会二回展／堂本画塾東丘社／蒙彊風物写真展／内島北朗作陶展／「国風盆栽展」盛況　18。全国日本画家飛行機献納運動活発－涙ぐまし沸る熱誠の数々／大阪日本画家報国会美挙／京都工芸家－赤誠溢るゝ力作／京都日本画作家聯盟の奉公－戦線勇士に供資の逸品八百八点／竹内栖鳳氏陸海軍へ二万円　19。
　　予報　花と競ふ双台社二回展　18。鍛金工芸展／帝美日本画展／塊人社第十一回彫塑展／日本美校第廿三回展　19。
　　美術経済　矢継ぎ早に故左団次遺愛品総額二十一万余円－新興亜浮世絵の新決定価格・珍しくも新画が現はれる／名古屋近藤家高値追加　20。

第19号（1942年3月20日）

　　表紙　不詳。
　　グラフ　「課題制作の考察」（狩野元信《琴棋書画図》ほか）。今回指定された国宝の一部（本阿弥光悦《住之江蒔絵硯箱》ほか）。第十二回独立美術協会展　1。初期フォーヴィスムの作品（ドラン、マチス、ブラマンク、ユトリロ）。
　　展評　無求会展／大山魯牛個展／原勝郎個展　2。青木繁遺作展／三輪孝戦線スケツチ展／内山雨海個展　3。先哲画像展／精芸社工芸展／鬼面社第四回展／吉田石堂個展／富士山展　4。独立展と旺玄社　矢野文夫　17。
　　記事　図南の志（詩）　秦一郎　5。絵画以外の新国宝　13。新指定の国宝絵画　16。展覧会の暦　18。
　　論評　眼の教養といふこと　植村鷹千代　6。琴棋書画図－日本人創案の命題　近藤市太郎

8。古画が教ふるもの　広瀬熹六　11。フオーヴを回顧すー西欧画壇よ、いづくにゆくー　木田路郎　12。

座談会「共栄圏と日本工芸の進出」(完)　東京美術学校教授・森田亀之助／同・津田信夫／同・高村豊周／猪木卓爾／川路柳虹　14。

旬報　大東亜戦の戦果に呼応　第七回京都市展ー更に大陸及び南方進出を企画中／独立展入選者ー新入選は二四名／街頭絵画展好評ー大阪心斎橋筋で／緑巷会の推薦と授賞　18。旺玄社入選者ー一五三点八四名／国画会新同人／三輪孝戦線写生展／洋画家美術大会の軍部献納作品搬入始まる　19。

予報　明治美術研究所主催明治初期洋画回顧展／璞友会二回展／春の青龍社展いよいよ開始／日本水彩展の公募開始ー作品は一人四点以内に制限す／巴会第六回展／支那歴代絵画展　19。

美術経済　美術資材に悩む時　芸術窯の開拓に成功ー石川確治氏が山形県平清水の郷里で／市川左団次遺愛品売立目録（前号つゞき）ー総額金廿一万八千円也　20。

第20号（1942年4月1日）

表紙　ホルバイン《聖母子》。

グラフ　「独逸の古典絵画」（アルブレヒト・デューラー《老人像》、ルカス・クラナツハ《林檎の聖母》、ホルバイン《ヘンリー八世像》、シヨンガウエル《聖女の死》、ホルバイン《少女像》、クラナツハ《幼子よ我と共に来れ》、デューラー《廿六才の自画像》、ホルバイン《ヘンリーギルトフオード肖像》、ホルバイン《少女像》、ホルバイン《市長寄進の聖母》）。「薩珊時代の美術工芸」（薩珊銀器、ビザンチーノ・ササン織狩猟文錦）。第十二回独立美術展　1。日本画家報国会主催軍用機献納作品　2。日本画家報国会主催軍用機献納作品展。第十回東光会展。

論評　独逸絵画の本質と其の古典　森田亀之助　5。薩珊時代の美術工芸　大隅為三　8。京都画壇　最近の新人達　神崎憲一／美術創作家協会第六回展を前に　難波田龍起　10。初期の文化と素朴な美術　北川民次　13。日本画のモチーヴ　木田路郎　14。

展評　塊人社展評　大蔵雄夫／上杜会評　矢野文夫　3。独立展新人評　矢野文夫　14。軍機献納日本画家報国会展　三田伊平　15。

記事　展覧会の暦　11。国起ちぬ　富安風生　13。消息（建畠大夢）　19。

旬報　日本画家報国会結成式ー全国的大同団結・軍人会館で盛大に・宣言・決議／写真：日本画家報国会結成式会場に於ける野田会長の挨拶　17。日本画家軍用機献納展盛況ー覆面の人は三越・近来の美挙／日本漆画家聯盟愈々結成ー近く第一回全国漆画展開催・慰問献納品特陳／猪飼俊一・浜田清治両氏戦死／東光会第十回展記念挙式盛大ー新会友と無鑑査推薦・受賞者十四名　18。大輪画院展入選者／葦の芽会展好評　19。

予報　絢爛日本画院第四回展／日吉山王資料展／第廿四回朱葉会洋画展ー陸海軍への献納画も特別陳列す／双台社展搬入日ー新役員三十五氏／美術創作家展／邦画一如展／春陽会記念展　19。

美術経済　絵絹の配給を円滑にする日本画製作資材統制協会ー二月十日公認され同十九日組織確立／会の経済／絵絹の配給／画家の書／書損の場合　20。

第21号（1942年4月10日）　　来迎図研究特集

表紙　聖衆来迎図（高野山有志八幡講）（部分）。

口絵　山越阿弥陀三尊来迎図（京都・禅林寺）。

グラフ　聖衆来迎図（高野山有志八幡講）。浄土・穢土図（京都・金戒光明寺）。弥陀聖衆来迎図／山越阿弥陀三尊来迎図（京都・金戒光明寺）。弥陀聖衆来迎図（京都・智恩院）／観音菩薩像（京都・即成院）／光明菩薩像（京都・即成院）。川端龍子と梅原龍三郎の作品（川端《聖雪》・梅原《北京風景》）。春の青龍社第十回展　1。竹圃画塾青莪会第十三回展／東海林広第一回展　3。第二回明治初期洋画回顧展／第十二回独立展／第三回尺蠖堂文景道人個展／第一回岡田魚隆森個展　4。日本画家報国会主催軍用機献納作品展。第十七回国画会展作品。第十回東光会特別陳列／国展の工芸。

巻頭コラム　美術の日本的性格　1。

展評　竹圃塾青莪会展　豊田豊　2。文景道人水墨画　3。富本憲吉個展／献納大壁画展　4。国画会展随感　今泉篤男／「街頭展評」（岡田魚隆森個展／第六回巴会展／汎美術小品展）　13。春の青龍社展　金井紫雲　16。

特輯「来迎図研究」　聖衆来迎図に見たる日本的性格　下店静市　5。来迎芸術の特質と鑑賞　大串純夫　10。

記事　ハワイ空爆（短歌6首）　能村潔　12。展覧会の暦　17。翼賛選挙の誓／消息／訃報　18。

論評　彫刻界の新人　大蔵雄夫／日本画壇最近の新人－青衿会の巻　矢野文夫　14。

旬報　美術家高原道場－近く着工今夏七月には竣成／新院展受賞－同時に新同人二氏／国展新同人－受賞者十一氏／帝美がパンフで時局下に呼びかく／旭川に新美術結成／大東亜戦争献納大壁画展（日本橋・三越）／新興岐阜院展　17。神武天皇御聖像図橿原神宮に奉献　18。秋月庵藤田氏蒐集の文晁遺墨展観　19。

予報　正統木彫家展公募愈々開始－新鮮な感覚を持つ若き作家の力作期待／風土会二回展　17。美術文化展－公募搬入は五月廿三日／筑前美術展献納を決議／大東南宗院最初の公募展／三果会油絵展／瀧川太郎個展／無審査公募の新例で汎美術第八回展準備成る／皐陶会作陶展／創元会二回展／八木博六回展／銀座松坂屋で画廊新設　18。

美術経済　表装裂統制最初の犠牲－十七回に及ぶ同人展休止す　19。

第22号（1942年4月20日）　　ブウルデル特輯

表紙　ブウルデル。

口絵　ブウルデル《アポロの首》。

グラフ　三春会／青丘会　1。第四回大輪画院展　2。第六回巴会日本画展　3。春墨会／三井コレクション第五回展　4。ブウルデル特輯。第五回新興美術院展。美術創作家協会第六回展。春陽会第二十回展。現代作家鑑賞－モウリス・サバン《牧歌》。

展評　青丘展／美術創作家協会展　2。三春会展／三雲祥之助個展　3。邦画一如会展／安孫子真人遺作展　4。春陽会未だ醒めず　江川和彦　17。新院展／小林彦三郎個展／朱葉会廿四回展／石橋美三郎個展／桜井霞洞個展　27。

巻頭コラム 彫刻の近代的意義 1。

特集「ブウルデル」 図版：ブウルデル《舞踏》／ブウルデルの言葉 13。大彫刻家の随想 成田重郎 14。ブウルデエルの作品とその生涯 金子九平次 18。

論評 大東亜建設と桃山美術 飯塚米雨 20。鐔の鑑賞に就て 長岡恒喜 25。工芸界の新人達（1） 大島隆一 26。

記事 展覧会の暦 28。四月の博物館 30。

旬報 全国五十祭神に献納－東京府美術館の借館団体の企画／還暦記念石井柏亭百選展祝賀会／写真：祝賀会で挨拶する柏亭氏／日本美術学校落成祝賀式／大日美術新同人－常岡文亀氏／春陽会展入選九三名一四四点／創元会の新会員と会友推挙 28。三越の版画展－秋保〔鉄太郎〕氏と榊原〔紫峰〕氏／日本画院入選八六名（八九点）／写真：受賞者／東京市職員美術展／鈴木信太郎油絵展／献納金展好評－瀧野川美術家協会／絵専卒業制作回顧展／美術創作家協会入選－新規八名／高橋惟一個展／神戸の池長美術館開館中 29。新燈春季展好評／高士幽篁個展好評／穹隆会鑑賞会好評 30。

予報 勤皇閨秀画家奥原晴湖遺作展／新古典七回展／高間惣七個展／二科会春季油絵展迫る！－会員会友一人一点・出陳百余点／新装水絵展／太齋春夫漆絵展／福島省三個展／試作会一回展－京都絵専出身五氏／石橋美三郎個展／川崎小虎氏門の新生社展 30。

美術経済 法隆寺の五重塔補修工事に依る日本精神と経済－金十四万五千円／模写彩管始る／日本橋でお馴染みの展観場東美倶楽部遂に廃業す／経営者豊田氏談 31。

第23号（1942年5月1日）　浦上玉堂の研究

表紙 浦上玉堂。

グラフ 「浦上玉堂集」（7点）。第四回日本画院展。春陽会第二十回展。春陽会第二十回展 1。第一回大東南宗院展－支那・満洲国出品者作品 2。三果会。第一回大東南宗院展。第二回双台社展。

巻頭コラム 浦上玉堂の芸術 1。

展評 双台社展／東光会第十回展を観て 田沢田軒 3。筑前美術第九回展 4。第四回日本画院展を観る 豊田豊 13。

特集「浦上玉堂」 浦上玉堂 古川北華 5。玉堂覚書 水沢澄夫 10。玉堂琴士画譜－聚楽社から最新刊 17。

論評 近代絵画の再検討－明日の絵画への途 矢部友衛 12。螺鈿考 しがらき生 13。工芸界の新人達（2） 大島隆一 14。輝く芸術院賞の美術人－小磯良平・高村光太郎二氏について 15。

記事 新刊紹介 13。展覧会の暦 16。南方各地へ彩管行－陸軍から特派画家／藤田嗣治氏の大作陸軍へ－荻洲中将から献納／消息 18。

座談会「南方派遣画家は語る」（藤田嗣治・寺内萬治郎・鶴田吾郎・宮本三郎・清水登之・中村研一・山口蓬春・田村孝之介・小磯良平） 14。

旬報 西沢童宝文化千古記念章設定／水彩画推奨記録展又々好評／高沢圭一個展／故岡田三郎助記念像－東美校で除幕式／晴湖遺作展延期／第五回文展要項決定 16。

予報　工芸美術作家協会第一回展－檄・出品規定　16。福井県工芸美術作家協会第三回展／待望の京都市第七回美術展／狩野晃行個展／長原坦一回展／一水会春季展／西本白鳥個展／直土会第二回彫塑展公募－盟主大夢氏の急逝に同人等一層発奮／端館九皐個展／研究会四回展／精芸社日本画展／危機を脱して開催の第一回表〔装美術〕展－第一回審査員と無鑑査・授賞制度も文展に準ず　17。第卅五回読画会展開かる／表装同人会美術行脚－五月初旬まづ中尊寺へ／福陽十四回展／日本水彩第廿九回展迫る／農山漁村風物展－亞艸社が銀座三越／宮本光雲個展／〔第八回〕基督教美術展／現代美術協会第四回展　18。

　　美術経済　表装裂れ配給決定－四月下旬から繊維調整受給協議会の切符で出廻り始む／東京表具工業組合事務所移転／牙軸代用に鯨　19。

第24号（1942年5月10日）　メキシコ現代絵画

　　表紙　アグスチン・ラソ《アパムの農園》／ゲレロ・ガルバン《デッサン》／マキシモ・パチエコ《夜》。

　　グラフ　第一美術第十回展　1。銭舜挙《樹上小禽》。メキシコの現代絵画。最近の石井柏亭氏と画業回顧。現代作家鑑賞－ルイ・ラタビー《展望》。

　　巻頭コラム　美術界の一元化傾向　1。

　　論評　美術評壇の振興を望む（時評）　5。新東亜芸術の課題としての支那画の問題　佐藤良　6。半生の画業を顧みて　石井柏亭　9。「石井柏亭の人と画業」（石井さんへの雑感　木村荘八／石井柏亭讃　宇野浩二　10。美術人には稀な人　川路柳虹　11)。メキシコの現代美術　北川民次　12。美術雑誌の使命　浅利篤　16。

　　展評　春季二科展／デッサン複製展／三果会展　2。福島省三個展／新装水絵展／風土会展／試作会展／井上長三郎個展　3。岩佐一新個展／白鷗会展／三宅克己個展／高間惣七個展／鈴木信太郎個展／華岳・溪仙・麦僊遺作展　4。赤塚自得遺作品展　渡辺素舟　17。

　　記事　南方文化とラッフルス　17。展覧会の暦　19。

　　旬報　岡田三郎助聖像－美術文化に広大な遺勲・上野公園の〔記念像〕建設式典記／日本美協展盛況　18。日本女子美術院第二回展／京都工芸作家挺身－有限会社『翼研究所仮事務所』設置・グライダー製作に専念精進／正統木彫協会第二回展－西村雅之遺作特陳／絵更紗と墨画展／碇南嶺個展好評／直土会彫塑展－建畠大夢氏遺品も出品　19。改組第一回表装展の審査員は悉く若手－選挙投票に観る斯界の動揺／新古典美術協会会員会友推薦　20。

　　予報　白閃社五回展－今年は公募中止／野村守夫個展／百九十一番居落款で方久斗氏個展／鈴木雪哉個展　18。松平齋光個展／阿部六陽個展／新制作派春季展／汎美術第八回展／日本南宋画会展　19。国彩会同人展／京都市教員工夫展／福岡で新構造社展　20。

第25号（1942年5月20日）　ボナール特輯

　　表紙　ピエール・ボナール。

　　グラフ　第三十五回読画会展　1。ピエール・ボナールの作品（全6頁）。南方の工芸（全2頁）。第二十九回日本水彩画会展。

　　巻頭コラム　色彩感覚と教養　1。

展評 一水会春季小品展／第一美術展 2。新古典美術展 3。島あふひ個展／村山三魁・野原茂生・樋笠数慶三人展／東陽会展 4。読画会第三十五回展 豊田豊 16。

美術時評 美術家聯盟の結成に当りて 内田巌 5。

論評 南方の生活工芸の再認識と使命 渡辺素舟 6。美術家聯盟に望む－自由主義的思惟を清算せよ－ 木田路郎 16。

座談会「戦争画の真実とは？　－現地で語る戦争画問題－」 出席：栗原信・吉岡堅二・藤田嗣治・宮本三郎 9。

特輯「ボナール」 ピエール・ボナール 益田義信 10。ピエール・ボナールの世界 川路柳虹 11。ピエール・ボナールの芸術 レオン・ウエルト 12。

記事 南方文化展の出品 17。展覧会の暦 19。

旬報 美術家聯盟発会式－洋画家大同団結・国策に協力／京都市展授賞－栄えの廿四氏／東西大家小品展（大阪高島屋）／第七回佐分利賞－久保守・川端実両氏へ／皇国芸術聯盟南方へ進出－満・中華・泰・仏印で巡回展企画／〔皇国芸術聯盟〕近く解散の噂－時局に顧省、京都画家聯盟と合併か／調花草画会設立－狩野晃行氏が教授／中重長陽個展 18。忠愛美術院上野で二回展－日本精神昂揚の作品公募開始／群馬美協帝都旗挙展盛況／待望の翔鳥会第五回展／輸出図案作家協会／帰還勇士戦争画展／白閃社展注目 19。

予報 小室翠雲個展／五月会日本画展／土橋醇一仏印回顧展／美術文化協会〔第三回〕展 18。近く赤壁俳画展／南方圏を思ふ－第六回壁画展の課題／福陽会十四回展 19。赤城泰舒水彩画展／林鶴雄近作油絵展／京都の学童作品展 20。

美術経済 美術業界の膨張に見る経済と青年－重美と国宝と経済／重美南蛮屏風の行衛／春峰庵の清算と現在 20。

第26号（1942年6月1日）　特輯 開国文化と南蛮美術

表紙 世界地図四国都市屏風（部分）。

グラフ 第七回京都市美術展 1。第七回京都市美術展／新生社第一回展 2。青鸞社第一回展／南薫造個展／第一回表装美術展 4。特輯「南蛮美術」（池長南蛮美術館陳列品）（全7頁）。第七回京都市美術展。新生社第一回展／直土会第二回展。

巻頭コラム 文展開催の決定 1。

展評 阿部六陽個展／青鸞社展／太齋春夫漆絵展／南風塾守真会展／新しき村展 3。京都市展評 吉副禎三 4。

美術時評 工芸美術界の怪文書－時局不認識の一例 大島隆一 5。

論評 古典的教養について 田近憲三 6。

特輯「開国文化と南蛮美術」 南蛮屏風追想言 永見徳太郎 9。第二次海外文化に伴ふ日本的芸術－わが蒐集について－ 池長孟 12。開国文化と洋風絵画 貴船真琴 14。

記事 南十字星の下 芸術行進十六氏－海軍から派遣・待望「海の雄躍篇」 13。展覧会の暦 18。美術館巡り（白鶴美術館・池長美術館・南紀美術館） 19。訃報／消息 20。

旬報 日本最古の銅版画－重美に指定直前紛失した事件の真相・意外実物は池長美術館に秘蔵／春陽会新会員／南薫造水彩画展／京城に彫塑展－中里聖豊氏の普及会／上海に日本画－宮崎井

南居氏活躍／庚辰会第三回工芸美術展　17。新興岐阜美術院春季展盛況／東邦画研究会旗挙展気魄充実／安田靫彦氏敬慕日本画展－全部を陸軍へ献納／共同制作で光る東丘社第五回展／木島桜谷遺作展／天釉伊賀焼展／京都諸家献画－曠古の大法要を記念し妙法院へ　18。「富士百景」を軍事保護院へ－蒼青社・竹立会・圓丘会各会員の美挙／小林彦三郎氏献画－大政翼賛会へ「後庭の畠麻図」／表装展明年度の審査員投票で決定－第一回展の特選と佳作も決まる　19。六月二日は乾山二百回忌展／関西で山中商会　20。

　予報　山南三回展／故五雲門下展観／明絃会第二回展　17。日本版画協会第十一回展／今村寅士第二回水彩展／第四回綵尚会　18。清流会第三回展／児玉塾第六回展／岩田藤七硝子展／吉田彰近作個展　19。

第27号（1942年6月10日）　乾山忌に当りて

表紙　猪熊弦一郎《肖像》。

グラフ　街頭展に拾ふ－新人の作（野村守夫《北海》・阿部六陽《斑雪》・本郷新《牛頭》）　表紙裏。新制作派春季展　1。現代名家紙本新作展／第三回庚辰会展／五明会展　2。東丘社の綜合協力制作『大東亜戦争』－情報局賞に注視集む。ポール・セザンヌの作品。新制作派協会春季展。現代名家紙本新作展。「乾山の作品」。

巻頭コラム　無署名協力作品〔東丘社共作〕　1。

展評　新生社第一回日本画展　田沢田軒／名家紙本展　3。杉の芽会第五回展／小絲源太郎個展／精芸社日本画展／京都市展続評（工芸）　4。直土会展評　大蔵雄夫　19。

図版　小絲源太郎個展／第六回日本壁画展／林鶴雄個展　3。狩野晃行展／鈴木哉雪個展　4。

写真　第二回正統木彫家協会展　4。

特輯「尾形乾山二百回忌に当りて」　尾形乾山の人と芸術　福井利吉郎　5。陶工尾形乾山　鷹巣豊治　7。

特輯「東丘社の共同制作」　情報局推薦　情報局第五部第三課長・上田俊次／共同制作の意義と画家の行動性　情報局・秦一郎／東丘社の共同制作「大東亜戦争」を見る　下店静市　10。

論評　人間としてのセザンヌ　成田重郎　12。職場の美術－石川島造船所自彊会絵画展－　矢野文夫　18。

旬報　元老も新進も交つて聖戦の秋へ　今秋文展の審査員－去る二十七日の帝国芸術院会議で推薦／日本油絵会展／池田治三郎個展／日本水彩画会展連日盛況－授賞者・新会友・新会員決定　17。矢沢弦月氏送別会／日本南画展－京都の旗挙げ好況／赤光社第二回展／猪飼俊一少尉南方戦線で散華　18。長谷川玉峰遺作展／勤皇歌人蓮月尼遺芳展／津田青楓個展　19。第二回青勾会展／京都工芸の技術保存－斯界の要望熾烈・当局考慮せん／百艸居展好評／赤堀信平個展／林鶴雄新作油絵展／結城素明氏令嗣南方洋上で戦死　20。

予報　九元社彫塑展／清々会三回展／皐月会の豪華展　17。野口弥太郎上海風物展　18。中村正典二回展　19。開会迫る待望の二展覧会－現代水彩画会と童林社－／六月の大阪市美術館／清籟社日本画展／郡山三郎油絵展／鈴木日出児個展　20。

記事　展覧会の暦　17。

第28号（1942年6月20日）　　特輯　油絵と国民性

　　表紙　渡辺崋山《花鳥》。
　　口絵　児玉希望《春の水》（仿古図）。
　　グラフ　「街頭展に拾ふ新人の作　新人紹介」　表紙裏。第六回児玉画塾展　1。美術文化第五〔三〕回展／第八回汎美術協会展　2。根津美術館第二回展観。第六回児玉画塾展。全日本工芸美術展。小室翠雲個展／美術文化第五〔三〕回展。第二回正統木彫家協会展／赤城泰舒個展。西洋名作鑑賞―マンテニア《聖ヂアコモの殉難》。
　　巻頭コラム　雄渾果断の意図　1。
　　展評　児玉画塾展　木村重夫　3。長谷川利行展　百田宗治／赤城泰舒水彩展／研究会展／野村守夫個展　4。全日本工芸展の作品　森田亀之助　8。正統木彫展評　大蔵雄夫　16。漆と陶彫―辻工房二回展・日本漆芸院六回展・日本陶磁彫刻二回展　渡辺素舟　17。
　　美術時評　日本画の旧性格を刷新せよ　佐波甫　5。
　　論評　工芸の分立を排す　山崎覚太郎　6。
　　座談会　「油絵と国民性」（1）　出席者：柳亮／内田巌／岡鹿之助／高田力蔵／川路柳虹　10。
　　旬報　愈々秘蔵品を披瀝し根津美術館第二次開く―大興亜文化の教訓を含んで／日本文化美術家協会新たに結成さる／現代美術四回展／輝く第一回鮮展初特選　14。大礼記念京都美術館常設陳列再開す／全日本工芸美術第一回展／戦時下衣料応用図案展―全日本染織図案聯盟／海軍へ献納画―福田翠光氏　15。府美術館建設功労者佐藤慶太郎伝出版記念会賑ふ　16。藤田氏等渡満―七月上旬国展審査の為／日本最古の銅板画「聖母子像」犯人判る―哈爾浜市へ高飛潜伏中を逮捕　17。
　　予報　閃人社四回展／石井鶴三絵画彫刻展／相模金三郎個展／大矢黄鶴日本画展　14。京都工芸美術展／七星会員等展観　15。
　　美術経済　順調に行つてゐるか絵絹の配給（1）―日本画製作資材統制協会を覗く　18。
　　記事　「美術新報」献納運動謹告　日本美術新報社　7。展覧会の暦　15。消息　17。訃／業界消息　18。

第29号（1942年7月1日）　　特輯　白鳳の彫刻・油絵の技法

　　表紙　ブラツク《静物》。
　　グラフ　街頭展に拾ふ新人の作―建畠覚造・東山魁夷　表紙裏。第五回白閃社展　1。第十四回福陽美術展／第五回晨鳥会展　2。「白鳳の彫刻」―薬師寺東院堂聖観音像ほか（全5頁）。三越日本画小品展。アンドレ・ドラン《F夫人肖像》。第三回山南会展―土田麦僊遺作特別陳列。晨鳥社展。西欧名作鑑賞―ベノツオ・ゴッツオリ《バベルの塔》（部分）。
　　巻頭コラム　天心の偉業を思ふ　1。
　　展評　岸浪百艸居個展／林鶴雄個展／壁画会展―特陳「南方圏に取材して」／島田忠夫個展／今村寅土水彩展　3。土橋醇一個展／端舘九皐個展／六萌会展／西本白鳥個展／四行会展／佐藤重雄二回展／北上聖牛個展／中谷ミユキ展／麻生豊魚拓展　4。翠雲個展と翔鳥会展　豊田豊　14。現代工芸巨匠　大島隆一／白閃社展　15。玉村方久斗展／安田画塾小品展　16。美術文化展／現代名匠竹芸展　17。

美術時評　文展彫塑部審査員の人選　大蔵雄夫　5。
　論評　白鳳の原型性　金原省吾　6。
　座談会「日本油絵はいかにあるべきか」　出席：柳亮・内田巖・岡鹿之助・高田力蔵・川路柳虹　9。
　旬報　南方戦線の感激を山口蓬春・藤田嗣治両氏の消息に聴く　14。構造社展の授賞者と会友推薦／白燿社再興展／新興岐阜美術院第二回展授賞／華畝会展好評／第五回大日展栄えの授賞者／奇特、〔京都市展〕入選画献納／雄麗、満洲国へ献画三十点－同国国宝展に現れる珍奇な品々　15。大阪・中京特信－美友会第十九回工芸品展・日本人形美術院主催人形作品展　16。
　記事　新刊紹介－川口軌外画集　13。展覧会の暦　14。消息／新京土産話　齋藤素巌　16。業界消息　18。
　予報　火曜会旗挙展－二科出品の新進廿氏　16。二回展の出品に大童の和風会／御盾会第一回展／俳画風日本画展／一采社第二回展／瀛光会第一回展／坂田虎一個展／新浪漫派四回展　17。
　美術経済　「順調に行つてゐるか絵絹の配給」（2）－日本画製作資材統制協会を覗く／東京売立は開かず－仲間取引に専ら依存　18。

第30号（1942年7月10日）　特輯 モネと印象派

　表紙　モネ《日本の着物をまとうカミーユ・モネ》。
　口絵　ルノアール《服をきる少女》　表紙裏。青木大乗《白馬と童女》　折込。
　グラフ　大日美術展　1。大日美術展　4。クロード・モネ作品集（全5頁）。多産神の伝説。第五回大日美術院展。「栄えゆく泰」（蘭花）－泰国首相へ贈る－　川島理一郎。
　巻頭コラム　日本人と印象派　1。
　展評　二千六百年展／日本油絵会展／細谷達三個展／童林社展　2。明紘会第二回展／相模金三郎展／清流会第三回展／清渓会鑑賞会／綜尚会展　3。大日美術展評　黒鳥子　16。第八回歴程展評　豊田豊　17。佐藤武造漆絵展　18。
　論評　多産女神考　太田三郎　5。岡倉天心先生を偲ぶ－天心三十周年忌に際して　横山大観（談）　14。美術と傷兵生活－感激随想断片　臨時東京第一陸軍病院美術部教授・池上恒　15。
　特輯　「クロオド・モネと印象派再検討」　モネの制作に就いて　山下新太郎　8。モネの歴史的意義　川路柳虹　9。クロード・モネと印象主義　カミーユ・モオクレール　11。
　旬報　自由画壇解散／日本美術協会有志海軍傷病将士へ献画／戸島光阿弥個展／傷病将士慰問染額展－模様聯盟で出品全部を陸海軍に献納　16。
　予報　情報局後援・待望の第一回日本劇画院展　16。中村静思個展／松子社旗挙展／二科廿九回展公募発表－一人三点以内・一点百号以下に制限／エツチング展／日本木彫十一回展　17。
　記事　展覧会の暦　17。消息　19。
　美術経済　油絵具の配給－美術家聯盟が猛運動・七月三日最終的基礎案協議終る・油彩の日本的大変革期／日本画の紙の配給－七月中に出荷し始める・日本画製作資材統制協会第二次運動　18。二日に亘り重要審議－会費負担・絵絹価格の規整及紙の配給機構確立に就て／岸本静風堂の揮毫用白扇等　19。

第31号（1942年7月20日）　日本新風景美特輯

　表紙　黒部峡谷猿飛の奇石　近藤白廉氏撮影。

　口絵　ジヤン・ド・ボツトン　表紙裏。

　グラフ　石井鶴三作品展／第四回現代美術展　1。尚美堂展　2。「画材となる新風景美写真作品集」（全5頁）。「名家の描きし風光美」。第九回清光会展。構造社と九元社。

　巻頭コラム　資材配給の問題　1。

　展評　現代美術展／第一回瀛光会展　2。第四回閃人社展／御盾会第一回展／石井鶴三絵画彫刻作品展／国学院大学絵画部第二十三回展　4。「最近の展覧会」（清光会展・清々会三回展・一采社展・伊藤悌三個展・窠本一洋個展・三橋武顕個展・渡辺春宵個展・第一回丹蛙会展・第一回素合会展）　15。九元社を観る　大蔵雄夫　17。

　特輯「日本新風景美」　我が好む風景－《葡萄の下》　東山魁夷　5。日本の新風景美　黒田鵬心　6。風土的角度から観た日本風景美　中西悟堂　8。日本の風景画　木村重夫　10。日本風景美の特質と油絵　川島理一郎　13。新版図南方の風光　川端龍子　14。

　記事　聖戦勇士と「美術新報」／最近消息抄　12。新刊紹介（ギヤスケ著・成田重郎訳『画聖セザンヌ』）　13。展覧会の暦　16。

　旬報　日本画家に一大福音絵絹の絶対確保－日本画製作資材統制協会理事者努力の結集／絵絹の指定生産／画用和紙と膠－更に夫々配給獲得　16。膠の配給／統制協会と全国材料商組合との会議　17。銀鵬社旗挙展／京都工芸品南方へ初進出－第三回展出品作・文化指導に先鞭／香坂茂吉処女展／堀忠義個展好評／東美文庫特別展／国画会新同人／鳩居堂展観場譲渡　18。

　予報　忠愛美術院第二回展／池田朋昭富士展／古城江観個展－南方風物画従軍画／帝国美術彫塑普及会創立五周年記念現代彫塑展／芽生会誕生展／JAN第十四回油絵展　18。

第32号（1942年8月1日）　レオナルド・ダ・ヴインチ特輯

　表紙　レオナルド・ダ・ヴインチ《モナリザ》。

　口絵　作者不詳《レオナルド画像》　表紙裏。レオナルド・ダ・ヴインチ《最後の晩餐》。

　グラフ　レオナルド・ダ・ヴインチ《岩窟の聖母》ほか全10頁。レオナルドの発明考案草稿及デツサン（全4頁）。

　特輯「レオナルド・ダ・ヴインチ」　レオナルド・ダ・ヴインチとその芸術　森田亀之助　5。レオナルド・ダ・ヴインチと余の興味　矢代幸雄　8。未来文化の創造者レオナルド－レオナルドへの回顧－　柳亮　10。文芸復興とレオナルド・ダ・ヴインチ　ウオタア・ペーター　12。レオナルドと「モナリザ」考　川路柳虹　14。レオナルドはなぜ孤独であつたか－レオナルド・ダ・ヴインチ忠霊顕彰のために－　泉四郎　17。

　旬報　新国宝－増上寺開山堂等合計三十七件指定　20。

　予報　夏季講習会－双台社は一週間／独立美術各地で／熊岡絵画道場でも／五采会二回展－挿絵画家の純正絵画／及川暁明個展　20。

　記事　新刊紹介（今福武雄『昭和日本画大観』・京都市文化課『京都古美術入門』）　19。展覧会の暦　20。

第33号（1942年8月10日）　　庭園・茶室・水墨　特輯

表紙　石涛（清）《柘榴》。

巻頭コラム　閑寂の芸術　1。

グラフ　街頭展に拾ふ－新鋭・新人紹介（野口弥太郎・橘田永芳）　表紙裏。松子社日本画展　1。現代彫塑家作品展／中村静思個展／きつつき会展　2。新浪漫派第四回展　3。忠愛美術院第二回展　4。京洛の名園。名園と茶室。茶室建築。忠愛美術第二回展作品。最近の日本画展。現代工芸名作鑑賞展。

展評　日本木彫展／古城江観個展／JAN展　3。香坂茂吉個展／坂田虎一個展／第七回青陽展／永井久晴個展／池田朋昭富士展　4。火曜会油絵展　14。日本女子美術院展　金井紫雲／現代彫塑家五周年展に際して　北村西望／第一回きつゝき会版画展／造営彫塑人会の旗挙げ　16。

美術時論　美について　荒城季夫　5。

特輯　「庭園・茶室・水墨」　室町時代名園の性格　田村剛　6。水墨の味　金原省吾　8。現代と茶室建築　吉田五十八　10。東京の公園と名園　東京市公園部長・井下清　12。

論評　日本の風景画（承前）　木村重夫　11。皇道精神と美術－忠愛美術院について－　陸軍中将・中島今朝吾／忠愛美術院展を観て　M　14。絵画の保存価値に就いて　玉置照信　17。

旬報　新重要美術品－絵画彫刻工芸品等三百十八件・本年度初の認定／大阪府工芸協会主催第二回興亜工芸成人講座／東京木版画工業協会の成立／現代彫塑家展－入場者二万人を突破／国画会研究所－進歩的錬成所誕生／美術奉公の旗を翳して公土会の結成－河口楽土氏主宰　18。和土苑作陶展／白閃社大東南宗院に合流／八炫社・和同園陶展／九軍神を謹写して熊岡美彦氏九州から帰京／九元賞授賞者決定／京都府芸術作家組合慰問作品献納式－陶器と竹工芸品　19。

予報　創立記念賞一千円を懸け大輪画院今秋五周年／土田麦僊遺作展／一水会第六回展公募開始－但し一人五点以内で力作を要望　19。

記事　展覧会の暦　18。

第34号（1942年8月20日）　　印度古美術・人を語る

表紙　印度細画。

グラフ　フエルデイナンド・ホドラー《デッサン》　表紙裏。アジャンター窟院壁画。回教絵画（細画）。印度彫刻と細画。印度古代の建築。印度教・ジヤイナ教・回教の建築。新国宝（南禅寺障壁画より・新重要美術品中より）。清籟社第二回展。日本木彫第十一回展。南洋美術展作品。日本劇画院展作品　1。東山魁夷《鰹釣り体操》（静岡県御前崎村）／寺田竹雄《村民の共同作業》（神奈川県相川村）／立石晴美《家庭栄養食配給所》（桐生市）／岩淵芳華《常会風景》（山梨県五明村）／桜田精一《女子青年団の共同作業》（埼玉県掘兼村）　2。宮本三郎《物売る少年》　5。

巻頭コラム　戦争の蹉音　1。

展評　五采会二回展　2。東京府工芸協会展　大山広光／松子社日本画展　3。尚美堂展と多聞洞展　豊田豊／鈴木日出児日本画個展　4。晨鳥社展　神崎憲一　14。劇画院旗挙展を観る　豊田豊／芽生会第一回展　15。

特輯　「印度古美術」　アジャンターの壁画に就て　丹羽吾朗　6。印度絵画概説　木村泰次　8。

特輯　「秋季美術　人を語る（文展審査員月旦）」　島田墨仙と川崎小虎　川路柳虹／二人の画人（中村岳陵、池田遥邨）　大山広光　10。工芸の面より（山本安曇、吉田源十郎）　渡辺素舟　11。中村直人　大蔵雄夫　12。
　　論評　文展新審査員を恥ぢよ　江川和彦　13。画家の描く戦時生活集　三輪鄰　14。
　　旬報　大東亜美術協会創立－会長に有馬伯　副会長に菊地中将・遠大な目的と事業〔写真：発会式〕／第二回忠愛展－授賞と院友推挙／青甲社本年度役員　17。
　　予報　青龍社第十四回展／二科展迫る　17。日本美術院第二十九回展／国風彫塑展／創元会第二回展の陣容－六氏退会・九氏新入会で面目一新／維新画会四回展／新構造社公募開始さる／全群馬洋画家聯盟旗挙展　18。
　　記事　銷夏余録　川合玉堂・山口蓬春　12。展覧会の暦　17。消息　18。

第35号（1942年9月1日）　白衣勇士の美術　特輯

　　表紙　花岡萬舟《周済大学激戦跡》。
　　口絵　宮本三郎《兵士》　表紙裏。
　　グラフ　「白衣勇士の美術特輯（忠愛美術院出品）」　白衣勇士作品集（1）（2）。写真：傷痍軍人の美術実習（1）（2）（3）。双手を失つても尚この敢闘精神。大東亜戦争画　花岡萬舟画（忠愛美術院展出品作図版8点）。南方戦線従軍報告画。小林恒一陸軍中将《国華薫苑》／池上秀畝《陸海の荒鷲》（陸海軍将校集会所懸額）。
　　記事　軍人援護事業への協力－本誌改題創刊一周年の記念－　表紙裏。雑誌献納運動頗る好評　本社の企画　各方面の協賛多大　7。展覧会の暦　8。消息／業界消息／正誤　10。
　　絵と文　《中支焦山風景》「焦山」　伊東深水　1。《比島の日章旗》「比島の日章旗」　寺内萬治郎　2。《スタンレー砲台》「スタンレー砲台」　山口蓬春　3。《コレヒドール戦跡》「コレヒドール戦跡」　猪熊弦一郎　4。《メナド附近の村落》「メナド附近の村落」　矢沢弦月　5。《広東の回想》「広東攻略戦に参加して」　野間仁根　6。《落下傘兵》「ジヤバより還りて」　鶴田吾郎　7。《印度の娘（B）》「牛飼ひ少年」　田村孝之介／栗原信《マレー娘》　8。
　　特輯　「白衣勇士の美術」　傷痍軍人と情操教育　軍事保護院総裁陸軍大将男爵・本庄繁　1。皇道美術と白衣勇士の作品　陸軍中将・中島今朝吾／竹工と浮書彫　永尾春甫　2。美術家も盡忠の士たれ－世紀の大転換に処する美術－　花岡萬舟　3。陸軍美術教育と芸術家の覚醒　池上恒　5。雑誌献納運動頗る好評－本社の企画／各方面の協賛多大　7。
　　旬報　栄えの新入選－秋の院展・二科・青龍社／くろも会展／京都林泉協会－石造美術の振興と保存を図る目的で結成さる／永野海軍々令部総長古城江観氏を激励　8。竹内栖鳳氏逝く／青龍社出品者懇談会　9。
　　予報　輸出振興基礎を確立する第二回東京工芸綜合展／珀光会旗挙展－「白日」の新人十一氏／明朗聯盟第九回展迫る－十周年紀念展を控え目覚しき緊張／芝〔野川〕・不染〔鉄〕合同展　9。逸品古画展－探幽・応挙・抱一其他／第十二回京都工芸美術展／全群馬洋画聯盟－帝都で秋季展／美術文化協会同人秋季小品展／近畿聯合工芸展／角田盤石個展／荻野康児個展／石井弥一郎個展　10。

第36号（1942年9月10日）　二科・青龍展特輯

表紙　田村孝之介《ビルマの女》。

表紙裏　新秋美術季始まる－二科・青龍展について－。図版：田村孝之介《印度の女》、宮本三郎《ユーラシヤ》。

口絵（原色版）　川端龍子《国亡ぶ》。

グラフ　二科展の作品－坂本繁二郎作品特別陳列。第十四回青龍社展。二科の彫刻。二科会特別陳列－大東亜戦争スケッチ・素描集－宮本三郎・向井潤吉・田村孝之介・栗原信。二科作品。絵画と彫刻。大東亜戦素描・スケッチ。

特輯　「二科展」　二科会を観る　荒城季夫　5。二科の中堅・新人　尾川多計　7。二科の彫刻　木田路郎／二科開設の当時　石井柏亭　8。「二科むかし話」（当初の思出　中川紀元／私の憶出　田口省吾）　10。

特輯　「青龍展」　青龍展を評す　四宮潤一　12。青龍展新人作評　豊田豊　14。

旬報　二科展特賞－栄誉の七氏・新会員は五氏／皇芸会員作品－近く南方へ進出／栃木県工芸美術作家協会新たに結成－工芸報国に努力／大森光彦氏興亜院事務で満洲から帰る／注目・美術部の改廃－デパートの売場縮小に伴ふ問題　15。京都陶芸に福音－共同窯近く設置／村上華岳三周忌－記念出版具体化／版画工芸講習会－東京市職員美術部で　16。

予報　舞台協会の数氏を容れて「新協」第八回展－玉村方久斗氏水墨に気を吐く／三三美術団近く第一回公募展　16。乾山・光琳・宗達展注目／等和会試作展／山梨県人書画展－美術協会結成前提／難波田龍起個展／目睫に迫る春台秋季展／新美術人協会第二回小品展／乾坤社四回展／東京みづゑ会第十二回展／〔東條〕光高〔山下〕昌風聯合展／近く烟雲会展／久邇宮家へ小早川秋声氏上納　17。

記事　展覧会の暦　16。業界消息　17。

第37号（1942年9月20日）　院展・創元展特輯

表紙　横山大観《正気放光》。

口絵　奥村土牛《真鶴》。

グラフ　院展二十九回展（一）～（五）。第二回創元会展（Ⅰ）～（Ⅲ）。大東亜美術展－南洋の工芸。画壇の巨星堕つ－栖鳳翁葬儀。

巻頭コラム　院展ひらく／栖鳳翁の死　1。

図版　院展二十九回展　1。大東亜共栄圏美術展　2。維新画会四回展　3。橘田永芳個展／全群馬洋画家展／第二回五采会展　4。

論評　「巨星堕つ－竹内栖鳳の死」　画壇の一偉人として　菊池契月／栖鳳先生の追憶　西山翠嶂／偉大なる芸術性　堂本印象　12。弔辞　川合玉堂／栖鳳氏を偲ぶ　横山大観／栖鳳氏の芸　溝口禎次郎　13。

展評　堀野秀雄個展／維新会四回展／珀光会第一回展　3。橘田永芳個展／全群馬洋画家展／大庭一晃詩趣硝子展　4。院展評（絵画と彫刻）　大口理夫　5。院展の問題作　金井紫雲　8。院展日本画新人の分野　豊田豊　9。院展の彫塑　大蔵雄夫　10。創元会第二回展を観る　宇千陀茂／大東亜共栄圏美術展の絵画　11。大東亜共栄圏美術展　大東亜美術協会常任理事・小城

基　14。第二回清籟会展評／新水彩協会三回展を見る　15。

　記事　二つの新しき美術史（石井柏亭『日本絵画三代志』／玉村方久斗『随筆美術誌』）　15。展覧会の暦　16。

　旬報　院展今期授賞－無鑑査八氏・院友十四氏／大礼記念京都美術館九月特別陳列／青龍社授賞－市野・安西両氏社人に推挙／三三美術団参加者／乾坤社同人出品　16。国風彫塑新会員－特選一・研究賞二／明朗美術推挙－推賞は五氏／〔八木岡〕春山一周忌法要　17。

　予報　日泰親善展の作品内示－東京美術振興会近く主催／緑巷会小品展／林田重正個展／旺玄秋季展／新潮会中秋の旗挙展－堅山南風氏の賛助を得同人緊張／秋香会十回展／小早川清個展／松平康南個展　17。

第３８号（１９４２年１０月１日）　一水会・新制作派特輯

　表紙　山内壮夫《空の防人》。

　表紙裏　新制作派展新作家賞より。

　口絵（原色版）　猪熊弦一郎《マニラ港》。

　グラフ　新制作派展－藤島武二氏滞欧時代作品特別陳列。新制作派協会展作品。生気溌刺たる新制作派（会員作品）。第七回新制作派展の彫刻。中道を往く－一水会展の作品。第九回明朗展　1。大輪画院五周年記念展　2。

　巻頭コラム　新制作派展と一水会展　1。

　特輯「新制作派」　新制作派展を評す　鈴木進　5。藤島・石井・有島－新制作派展・一水会展　川路柳虹　8。「新制作派会員は語る」（克明な写実を通じて　内田巌／飽く迄造形に味到せん　本郷新／飛行機を画因に　佐藤敬　10。子供の生活を　脇田和／本質の把握　伊勢正義／作品の内と外　小磯良平　11）。新制作派展の彫刻　木田路郎　12。

　特輯「一水会」　一水会とその芸術理論－次代を担ふ人たちの態度　江川和彦　13。一水会の立場　石井柏亭　15。

　展評　角田磐谷小品展／芝〔野川〕・不染〔鉄〕二人展／〔西本〕白鳥水墨画展　2。国風展を観る　大蔵雄夫／第九回明朗展／難波田龍起展　3。荒井龍男個展　田近憲三／寺田政明個展（K）　4。大輪画院展（K）　16。

　旬報　満洲国政府へ献画－画壇大家の名作二十八点－／東條首相が芸術院会員招宴　16。逸品揃ひ満洲国宝展－典籍・染織・陶瓷など約四百点／創元会授賞者／東京工芸綜合展／山南会第三回展／日本近代美術研究会－浦崎永錫氏発企設立　17。京都名家新作展／海軍へ大陶額－京都の沢田宗山氏献納／田村孝之介個展／京都林泉協会例会／東美卒業授与式／西山翠嶂氏－満洲国へ献画／大輪画院授賞／愛知県日本画文化協会海軍へ献納画／吉田白流個展／満洲国皇帝陛下に華麗な花瓶二個を献上－清水六兵衛正太郎父子から　18。京都短信（田村典洲個展・皇国芸術聯盟）　19。

　記事　レオナルド・ダ・ヴィンチを繞つて　三石巌　14。展覧会の暦　17。

　予報　半島銃後美術展（京城・三越、丁字屋百貨店）－大東亜戦完遂の士気昂揚／春陽会秋季展／米倉寿仁〔第一回〕個展（銀座・菊屋）／朔日会の第八回展迫る（銀座書店画廊）－絵画を通じ翼賛理念を徹底／片山健吉個展／芋錢讃仰展（銀座・菊屋）－売約はせず／村川弥五郎個展

／産業人絵画展（京都大丸）／長谷川利行遺作展（銀座資生堂）／創成第二回展（銀座書店画廊）／林田重正個展（銀座書店画廊）　19。

第３９号（１９４２年１０月１０日）　　　特輯　満洲国慶祝展・ドガの芸術・水彩画技法
　　表紙　中沢弘光《北国の春》。
　　口絵　エドガア・ドガ《舞台の踊子》。
　　グラフ　ドガの作品。満洲国十周年慶祝絵画展出品作品（全５頁）。第三回春台美術秋期展　1。第一回三三美術団展　2。第十四回朝倉彫塑展　3。
　　巻頭コラム　満洲国政府への献画　1。
　　特輯「エドガア・ドガの芸術」　ドガと近代生活　成田重郎　5。ドガ覚書　内海文夫　8。ドガと日本版画　リヒアルト・ムウテル　9。
　　特輯「満洲国慶祝展」　満洲へおくる代表作品を観て　川路柳虹　10。献納画伯招待会－首相官邸で和かに交歓　16。
　　特輯「水彩画の技法」　水彩画の技法と鑑賞　相田直彦　13。水彩画の技法　北川民次　15。
　　展評　新美術人展／新自然派協会第九回展／石井弥一郎個展　2。春台美術秋期展／内海加寿子個展／朝倉彫塑塾展　3。東條光高・山下昌風第二回個展／三三美術団第一回展　4。東京工芸綜合展－第一部出品作品について－　大島隆一　12。
　　旬報　信濃美術協会再興－顧問に中村・池上・町田・山本諸氏／欧洲名画展盛況／一水会授賞－会員推薦二氏　17。
　　予報　美術産業工芸展－指導地位確立を目指す・日本輸出工芸聯合会主催（東京・高島屋）／三越で「現代木彫名作展」－文展審査員無鑑査廿五氏出品／美交会旗挙展（菊屋）／新興貿易品図案－名古屋市で募集　17。鋳金工芸展／産業人芸術作品展－横浜市で神奈川県産業報国会主催／明日から日本美術協会展（同会列品館）／互陽会四回展－春陽会所属の新進作家（銀座・資生堂）／福沢一郎個展－近作廿数点に期待（銀座・日動画廊）／加藤唐九郎新作陶磁展（日本橋・高島屋）　18。
　　記事　展覧会の暦　17。消息　18。

第４０号（１９４２年１０月２０日）　　　ミケランゼロの芸術　特輯
　　表紙　ミケランゼロ《アダムの創造》（部分）。
　　口絵（原色版）
　　グラフ　ミケランゼロの芸術（全８頁）。三井コレクション。珊々会の作品。美術新協第八回展　1。日本美術協会第百十八回展　2。
　　巻頭コラム　長期戦と美術　1。
　　展評　朝日会展／第八回美術新協展評　3。小早川清個展／第十回秋香会油絵展　4。珊々会第八回展　豊田豊　13。
　　特輯「ミケランゼロの芸術」　ミケランゼロの偉業と脅力－シスチン礼拝堂の天井画と壁画　無署名　5。ミケルアンヂエロの回顧　田近憲三　6。ミケランゼロを想ふ　川路柳虹　8。ミケランゼロの表現　ウオタア・ペーター　10。

記事 岡倉天心を偲ぶ会　13。近世畸人画家－野人北斎と酒狂暁斎　竹内梅松　14。藤島武二画集　15。東台落穂集　16。靖国の絵巻－東條首相も題字／展覧会の暦　17。

旬報 第五回文展蓋明け！－南方・前線・銃後物等出陳一千点・栄えの特選廿六氏　16。写真：「十月六日夕、上野精養軒で開かれた文展審査員総会に参集せる審査員諸氏」／偲ぶ、豪壮な桃山期文化－京都博物館で国宝重美の数々特陳　17。日本美術協会展－銅賞六褒状十一名／新関西美術〔第二回展〕授賞／乾坤社強化－社人等大量加入／素人画展賑ふ－岩村法相等出陳・売上を恤兵金に／松本の美術展／南方皇民に美の開眼－日本画壇代表作家作品近く現地へ　18。美術創作家協会新京秋季展好評　19。

予報 京都工美展目睫－関西の文展工芸を自負／宏心会上野で献納額と表装展／東郷青児個展－珍し、日本画の力作／哥麿の法要－藤掛博士等講演／伝川白道子の南画個展迫る／こうげい・日本工芸協同新作展／美萌会四回展／翼賛会と産報の協賛で生産美術協会成る　19。

第41号（1942年11月1日）　文展号（洋画・彫刻）

表紙 小絲源太郎《二百十日頃》。

口絵（原色版）　庫田叕《龍頭》。

グラフ 第五回文部省美術展覧会出品作（全14頁）。

巻頭コラム 第五回文展ひらく　1。

特輯「文展（洋画・彫刻）」 第五回文展開催に際して　文部省学芸課長・剣木亨弘　1。文展第二部（洋画）所感　鈴木進　2。文展第二部を観る　福島繁太郎　6。文展洋画作品を論ず－第二部に於ける二三の問題　江川和彦　7。「本年の文展作品は－洋画と彫刻審査員は語る」（戦時の反映と影響　田辺至／作品の多様性　小絲源太郎／特に傑出したものはない　木村荘八／若い逞しいものがほしい－杉本健吉と大川武士の作品　宮田重雄／文展制度の問題－白川一郎の作を推す　熊岡美彦／地道な仕事にはなつたが－森本清水・林勘五郎・古賀忠雄君らの作品　齋藤素巖／寛選だが賞は厳選　関野聖雲／入選と落選の境　藤井浩祐）／文展洋画部の当初　石井柏亭／批評でない批評　鍋井克之　10。文展彫塑評　大蔵雄夫　12。文展の彫塑　尾川多計　14。文展と水彩　荻野康児　15。

旬報 今期文展誉れの入選－各部とも時局色横溢・連日大盛況　16。全国工芸美術協会新役員四十九氏決定－十月十六日上野精養軒で第二回総会／新興岐阜美術院秋季展取止め　18。

予報 工芸作家へ福音－官展の埒外で芸術保存の資格獲得／夾協会二回展／京都で図案展－新様式創作奨励／日本人形美術院二回展－特別陳列に江戸末期の名工の代表作／東風日本画展／柏舟社関西展／現代大家の工芸綜合展／佐藤一章個展／青年美術集団第三回展（銀座書店ギャラリー）－献納扇面も特陳／班目秀雄個展／村川弥五郎個展／大沼抱林水墨画展／丹阿弥岩吉個展　18。

記事 展覧会の暦　16。

第42号（1942年11月10日）　文展号（日本画・工芸）

表紙 池田遥邨《三尾の四季》。

口絵（原色版）　島田墨仙《山鹿素行先生》。

口絵（単色版） 伊東深水《海風》。

グラフ 五回文展出品作品（日本画・工芸）（全13頁）。

巻頭コラム 人格と美術　1。

特輯「文展（日本画・工芸）」 文展日本画所感　田中一松　1。文展日本画から拾ふ　四宮潤一　3。文展の日本画所感　木村重夫　5。文展今昔　金井紫雲　6。「今年の文展日本画」（新国画への出発　鏑木清方／胡粉散らしの減退　野田九浦／兵隊ものの優秀　中村岳陵　8。〔無題〕内田巌／「山鹿素行先生」を語る　島田墨仙　9）。師・弟子・記者問答－招待日のある時間－　旗野美留目　8。文展工芸部評　渡辺素舟／文展を観る　田沢田軒　10。工芸　文展の作品　大島隆一／「自作出品をめぐりて（工芸諸家）」（沢田宗山／鹿島英二／佐々木象堂　12。山本安曇／北原千鹿／北原三佳／山本自爐　13）。文展工芸評－漆器作家の復古的傾向　林翠　13。

旬報 時代に棹さす文展初の買上げ－博物館の断・栄えの墨仙作「山鹿素行」／狙ひは古美術と新美術との連関－洋画・彫刻・工芸にも及ぼす　帝室博物館溝口美術課長（談）／関門トンネルに讃頌記念額－京都の池田泰山氏制作／賜品の下絵に栖鳳の絶筆－西陣で謹作　14。

予報 朱兆会結成さる（銀座書店）　14。尚美展迫る／東京会展／大東亜聖戦報国画展開く／新世紀五回展／京光会一回展－京都高工出身の力作／銀鵬二回展／士気昂揚中京綜合芸術展／六甲社旗挙展／工芸済々会第十一回展／帰還勇士藤山嘉造個展／伝川白道子個展　15。

記事 日本画家の軍用機献納画／帝室博物館に保存　4。新刊紹介（『七世市川團蔵』）　13。展覧会の暦　14。

第43号（1942年11月20日）　文展新人号

表紙 中村新太郎《戦友》。

グラフ 第五回文展出品作品（全9頁）。日本に在るフランス近代巨匠の作品（アンリ・マチス、ピエール・ボナール、アンドレ・ドラン）。第二回穹隆会鑑賞展。

巻頭コラム 次の世代　1。

特輯「文展新人」 新人に俟つ　川路柳虹　1。文展第二部の新進の人達　江川和彦　2。文展日本画　次の世代を担ふ人々　豊田豊　4。第五回文展の優秀作－政府買上品十五点　5。文展第四部瞥見　森田亀之助　6。仏像を描いた洋画の優作　黒田鵬心　8。「特選作家を語る（審査員諸家）」（寺島紫明君　鏑木清方／小堀安雄君　川崎小虎／浜田台児君　伊東深水　9。胡桃沢源人君　熊岡美彦／伊東四郎君　小絲源太郎／杉本健吉君　宮田重雄／榎戸庄衛君　阿以田治修／高田誠君　安井曾太郎　10。長沼孝三君　中村直人／林勘五郎君　齋藤素巖　11）。工芸所感　中嶋豊治／土と私　大森光彦／本年の出品漆　吉田源十郎　14。

展評 「最近の街頭展」（清水正太郎作陶展　大山広光／佐藤一章個展／丹阿弥岩吉個展／青年美術集団展　12。片山健吉個展／東郷青児個展／大沼抱林個展／美萌会四回展　13）。

旬報 陸海軍へ大量献納画　－壮挙！日本画家六千名を総動員／興亜造型文化聯盟飛檄－日華提携に寄与／銀座に画廊新設　15。

予報 第七回大潮会展／創立廿周年記念新燈社展／和風会美術展／南画鑑賞会展／新構造展迫る／石山太柏個展　15。扶桑会の第一回展迫る／河井〔寛次郎〕・棟方〔志功〕新作展／風土会

三回展(銀座書店画廊)／奈良美術院の卓の会展(銀座・資生堂)／菁々会展／丸木位里個展／佐伯米子個展／青芽会四回展　16。

記事　月下痛飲(詩)　内田巌　4。雑誌献納運動に熱誠続く／編輯後記　14。展覧会の暦　15。川村曼舟氏逝く／消息　16。

第44号 (1942年12月1日)　美術と教育　大潮会展

表紙　モロー。

グラフ　西欧名家の水彩画(シニヤツク、アスラン、アンドレ、ヴアン・ドンゲンほか)。巨匠藤島武二の作品展。第七回大潮会展。第二回東京女学生美術展。菁々会第二回展。春陽会第二回秋季展。福沢一郎個展。米倉寿仁・浜松小源太二人展。

巻頭コラム　廻り来る十二月八日　1。

論評　美術教育に就て　田辺至　1。日本民族と色彩　遠藤教三　2。文展の新進彫塑家　頭の人　手の人　大蔵雄夫　8。畸人画家　曽我蕭白と長沢芦雪　竹内梅松　13。

特輯「水彩画はいづこに行く」　水彩維新　渡部菊二　4。閑却されがちな水彩　富田温一郎　5。日本水彩画の推移と傾向　小堀進　6。

展評　街頭展を観る(日本美術協会展・春陽会秋季展・夾協会二回展・京光会展・遠藤虚籟個展・六甲社一回展・創元会豆絵展)　金井紫雲　8。大潮会展を観る　宇千陀茂　11。菁々会第二回展　豊田豊　12。

旬報　文展大盛況裡に閉幕－入場者総数廿六万四千余名・昨年度を凌駕・御八方台臨・京都陳列開く／有意義な復古大和絵派展(京都博物館)／故川村曼舟氏校葬盛儀／生産美術協会－去月上旬披露式・役員全部決定す／新潟油彩二回展／大石右一氏－京都市立絵専兼美工校長事務取扱に／東風会展好評　15。第一回扶桑会入選／棚田真楯改名記念展／松井桜塘個展好評　16。

予報　春台美術作品公募／阪本牙城個展－満洲国大使館後援／和風会展／白山卓吉水彩展／高畑正明水彩展／近代洋画展(室内社主催、銀座・資生堂)／多聞洞の展観／白日会二十周年記念展－優秀作品に対し賞金五百円を贈呈／鬼面社小品展／東邦画研究会展／白道子南画展／堀柳女人形塾展／小島真佐吉個展／藤井芳子二回展　16。

記事　第七回大潮展－授賞と推薦　12。展覧会の暦　15。

第45号 (1942年12月10日)　ピカソと歌麿

表紙　喜多川歌麿《隅田川舟遊》。

口絵　ピカソの作品《女人像》。

グラフ　歌麿の絵画(全2頁)。ピカソの作品(全6頁)。十宜会第一回展。扶桑会第一回展。第十六回新構造社展。第四回乾坤社展。東京会日本画新作／朝陽社第四回展。海南島風物展／綴錦試作品展／尚美展／小川千甕新作展／第二回日本人形美術院展／第二回爽協会展。

巻頭コラム　美術家の献画報国　1。

特輯「喜多川歌麿」　歌麿の芸術　藤懸静也　2。

特輯「ピカソ」　ピカソの古典とその後　伊原宇三郎　4。ピカソの人と作品　猪熊弦一郎　6。戦争とピカソ芸術　成田重郎　7。

論評　若い人たちの行方－扶桑会・新構造社・今井繁三郎個展等　江川和彦　10。木村武山画伯を憶ふ　田沢田軒　12。

　　展評　第四回乾坤社展評　豊田豊　12。十宜会の作品・小川千甕氏近作　金井紫雲　13。

　　旬報　浮世絵版画最高峰歌麿の法要毎年連催－命日十月廿五日専光寺で／新構造社授賞／第一回扶桑展会友推薦と授賞／日東二回展盛況／大和会新たに結成／仁王護国曼荼羅－醍醐寺五大堂壁画大畑桑丘人氏完成／明治初期洋画展－作品と参考資料陳列／奈良美術院卓の会頗る盛況／東京会展賑ふ　14。堀柳女人形塾／銀座に又画廊！－千代田商会階上／木村武山氏逝く　15。

　　予報　南方従軍作家淡彩素描展－洋画壇の錚々たる顔触れ／日繍旗挙展／日本彫金会展－努力作二百余点陳列／南蛮堂美術展－枢軸各国の工芸品／尚絅会展－十五作家の熱作／加藤版画研究所近作版画展－藤原足利鎌倉各時代の古版画も陳列／新興乾漆彫塑展－彫塑界の中堅網羅／赤堀信平三回展－一年有半に亘る力作　15。清水七太郎個展－近く第二回を青樹社／井上良齋作陶展／二葉堂日本画展／九品庵新作画展／新樹社巡回展－山陰・九州・四国で／十三塔供養品展　16。

　　記事　展覧会の暦　14。木村武山氏逝く－十二月二日美術院葬盛儀　15。消息　16。

第46号（1942年12月20日）　大東亜戦記録画・ポンペイ壁画

　　表紙　羅馬古代絵画（壁画）。

　　口絵　宮本三郎《山下・パーシバル両軍司令官会見之図》。

　　グラフ　大東亜戦争美術展（賜天覧）。希臘古画・ポンペイ壁画。大東亜戦争美術展（賜天覧）。長谷川昇油彩邦画展／現代名家新作日本画展。日東美術院第二回展。

　　巻頭コラム　大東亜戦争展　1。

　　社説　大御心に応へ奉らん　1。

　　特輯「ポンペイ壁画」　死都ポンペイ－新発掘の回顧　森田亀之助　2。ポンペイ廃址とその壁画　足立源一郎　6。ポンペイの憶ひ出　川路柳虹　8。

　　特輯「大東亜戦記録画」　大東亜戦争美術展の記録画を見る　尾川多計　5。

　　論評　今年の美術界を顧みる　田沢田軒　10。

　　展評「街頭展を覗く」（人形美術院展・新世紀五回展・佐伯米子色紙展・風土会三回展・美萌会四回展・和風会展・東邦画二回展・阪本牙城個展・鬼面社小品展）13。

　　旬報　天心祭盛大－偲ぶ英邁な東亜の先覚／日東美術院授賞／南画鑑賞会好評／「汎工芸」廿周年記念講演会／美術創作会員推薦－今井繁三郎氏／南蛮古美術展－白鶴美術館に逸品集る／傷病将士慰問に工芸品献納－工芸美術作家協会奇特・既に手続完了／復古大和絵派展－京都博物館で絶賛／傅川白道子二回展（銀座ギャラリー）　14。宮尾〔しげを〕氏出版記念会　16。

　　予報　全日本画家献納画展－卅五団体が聯合展の形式で堂々開催／橙黄会二回展／岡田行一個展／沖縄民芸品即売会　15。

　　記事　展覧会の暦　14。京都短信／消息　15。

第47号（1943年1月1日）　ボチチエルリ特輯

　　表紙　ボチチエルリ《ヴイナスの誕生》（部分）。

口絵（原色版）　ボチチエルリ《春》。
　　グラフ　ボチチエルリの作品（全8頁）。京狩野の作品。七絃会第十三回展。伊原宇三郎《ビルマ人の協力》。猪熊弦一郎《比島の住民》。宮本三郎《ニコルソンの想出》。佐藤敬《比島の生活》。
　　特輯「ボチチエルリ」　ボッティチェルリ点描　摩寿意善郎　2。ボチチエルリと反教思想　柳亮　6。サンドロ・ボッテイチエルリ　ウオター・ペーター　8。ボツチチエリと東邦様式－「春」及び「ヴイナスの誕生」について－　川路柳虹　10。
　　旬報　日本画南方へ－清方翠雲等八十五氏の力作・今春二月ビルマで展観／旺玄社旗挙展　16。
　　記事　新春言志　1。京狩野三代記　相見香雨　13。展覧会の暦　16。

第48号（1943年1月10日）　ドラクロア研究

　　表紙　ドラクロア《キオス島の虐殺》。
　　折込口絵（原色版）　川合玉堂《ゆるぎなき大和島根》。
　　グラフ　ドラクロアの作品（全7頁）。大東亜戦争美術展作品より（寺内萬治郎《マニラを望む》／中村研一《マレー沖海戦》）。池上秀畝《農村の新年》。三輪晁勢南方スケッチ展／第一回野水会展／竹頭会水墨画展／赤堀信平第三回彫刻展。朱兆会第一回展／岡田行一人物画展／井上良斎作陶展。伊東深水《訪春》。
　　巻頭コラム　記録画の問題　1。
　　特輯「ドラクロア研究」　ドラクロアの芸術　古沢岩美　2。シオの虐殺　川路柳虹　7。
　　論評　一筆春興－色紙と短冊の描き方　西沢笛畝／絵のリズム　内田巖　6。
　　特輯「本年の美術界に呼びかける（日本画・彫刻）」　新しい絵画運動への決意－新春日本画壇に期待す－　木村重夫　8。二六○三年の彫刻界に望む　本郷新　9。
　　特輯「街頭展を巡る」　尚美術新人小品展　大山広光／七絃会展四作　豊田豊／長谷川昇油彩展　金井紫雲／三輪晁勢スケッチ展　豊田豊　10。高島屋新画展　金井紫雲／乾漆彫塑展　大蔵雄夫／赤堀個展　大蔵雄夫　11。
　　旬報　皇太子様に日赤本社から恭しく献納－川合画伯の大作／第十三回新燈展－推薦と授賞／南方占領地従軍作家淡彩素描展　12。
　　予報　二科小品展／野末貞次個展／田内駿士個展／木和村創爾朗個展／石井弥一郎個展　12。
　　記事　空襲話題　北村西望　6。おとし玉－画壇百人一首抄　読人しらず　9。消息／展覧会の暦　12。

第49号（1943年1月20日）　ギユスタアヴ・モロオ研究

　　表紙　松岡正雄《白鷺城》。
　　グラフ　ギユスタアヴ・モロオの作品（全5頁5点）。生活と美術－家具及工芸品綜合展作品（三越）・新しい時代に適応すべき室内と調度はいかにすべきか。長井雲坪の作品。江崎孝坪《射撃》（デッサン）／青木大乗《香心》。九品庵展／斑目秀雄個展／昭華会展／伝川白道子個展／堀柳女人形塾展。岡田行一個展／九品庵展／昭華会展／新燈社展／藤井芳子個展。多聞洞新作日本画展／第二回東邦画研究会小品展。

巻頭コラム　美術雑誌の用紙節約　1。
　　記事　展覧会の暦　1。美術点景　6。新刊紹介　9。美術点景　11。
　　特輯「ギユスタアヴ・モロオ研究」　ギユスタアヴ・モロオの神秘主義　川路柳虹　2。ギユスターヴ・モロー　ギヤブリエル・ムウレ　4。
　　論評　二六〇三年の洋画壇に望む　江川和彦　6。二六〇三年の工芸界に望む　大島隆一　7。大東亜戦争と長井雲坪の芸術　飯塚米雨　8。漆絵の問題－松岡太和氏の漆絵－　森田亀之助　10。
　　旬報　大日本工芸会誕生－会長に前商相吉野信次を推戴／昭和洋画奨励賞－昨年度受領者二名／中村画塾新役員　12。
　　予報　新春劈頭白日会展－特別陳列のほか物故会員の遺作も／団欒社展観／春台美術第十八回展迫る／名取明徳個展／旺玄社第十一回展公募／古田義一第三回展／第十五回新美術家協会展／高田浩第五回展　12。

第50号（1943年2月1日）　アフリカ美術・南蘋派
　　表紙　新興イタリア版画《疲労》。
　　口絵（原色版）　池上秀畝《大内山》。
　　グラフ　池上秀畝大詔奉載日記念展。アフリカ黒人彫刻（全5頁）。長崎の沈南蘋派（全2頁）。全日本画家献納画展作品。旺玄会の作品。野末貞次個展。全日本画家献納画展。橙黄会展。松島画舫展。
　　巻頭コラム　院賞及び会員の銓衡　1。
　　旬刊展望　絢爛！献納画千六百－全日本画家報国会赤誠の凝結／日本美術報国会結成さる－建艦運動に呼応・彫塑家聯盟先づ蹶起　1。
　　論評　ハーバート・リードの芸術論　植村鷹千代　2。長崎の沈南蘋派　永見徳太郎　5。精神の現実を描く　内田巌／アフリカと黒人芸術　M・R・K　8。
　　記事　美術点描　9。展覧会の暦　11。
　　展評　野末貞次個展／菅能由為子個展／石井弥一郎個展／木和村創爾郎個展／橙黄会第二回展／山口敏男遺作展　グラフ頁。全国日本画家献納画展　豊田豊　10。
　　旬報　画家青年隊結成－陸軍美術協会記録画制作に新企画　11。
　　予報　光風会三十周年記念展－初期会員代表作多数特陳／太平洋画会－春展に意気込む／五月会三回展／昨年度水彩画推奨記録賞－受賞作品十四点近く展示／加藤静児遺作展－代表的作品八十点／藤井信子個展　11。

第51号（1943年2月10日）　ルーベンス研究
　　表紙　ルーベンス《フイリツプス二世》。
　　口絵　ルーベンス《麦藁帽子》。
　　グラフ　ルーベンスの作品（全5頁）。二十周年記念白日会展作品。新美術家協会第十五回展。
　　巻頭コラム　芸術院会員の奮起　1。
　　旬間展望　興亜造形文化聯盟大陸進出／芸術院賞及補欠会員補充銓衡慎重／同院会員懇談会

（日本画部）／日本美術雑誌協議会主催美術講演会　1。

　　特集「ルーベンス研究」　ルーベンスの芸術と生涯　古沢岩美　2。フランドルとルーベンスの時代　内海文夫　6。

　　記事　仏印美術史に永劫輝く邦人彫塑家　6。新刊紹介（木村重夫『美と教養』）　8。「白日会回顧」（私の憶ひ出　富田温一郎／変遷二十年　吉田三郎）　9。展覧会の暦　11。消息　12。

　　展評　新しき芸術精神の体得を待つ－白日会第二十回展を見ての所感－　江川和彦　8。

　　旬報　大日本工芸会残る重要議案－工芸美術作家協会は依然存続／白日会廿周年展頗る盛況－栄えの各受賞廿七氏・会員推薦七氏／『一日入営』－画家の演習見学／春台展受賞者／生産美術協会巡回展賑ふ－各職場に情操の糧／晨鳥社新役員／興亜造形支那展－出品者四十氏　10。昨年度朝日賞－栄えの藤田中村両氏／各芸術院会員に鉄道無賃乗車証　11。

　　予報　陸軍美術協会展－三月十日の記念日トして／七鳳会八回展／第十一回東光会展公募／彩交会旗挙展－日本画の中堅八氏／青筳会日本画展／赤松俊子個展－働く婦人の鑑賞を目標　11。大夢遺作展／歴程・明朗・美術新協合流－今秋新発足展開催／早苗会解散　12。

第52号（1943年2月20日）　ルドンの研究・画壇への要求

　　表紙　ルドン。

　　グラフ　オディロン・ルドンの作品（全3頁）。竹内栖鳳遺作展。三井コレクション最近の展観。春台展（第十八回）の作品。加藤静児遺作展。「最近の街頭展から」（古田義一、高田浩、石井弥一郎、木和村創爾郎）。

　　巻頭コラム　明治美術の回顧　1。

　　旬間展望　〔帝国芸術院〕日本画部会員空前の御奉公／明治美術名作展開く－文展の寸法制限撤廃の要望起る／池上秀畝氏奉戴日作品展の反響／長流画塾第六回献画　1。

　　論評　現代日本画に欠けたるもの　金原省吾　2。花の画家オディロン・ルドン　成田重郎　4。長崎の沈南蘋派　永見徳太郎　8。

　　展評　名取明徳個展／高田浩第五回展／古田義一個展　グラフ頁。新美と春台二展　尾川多計／三井コレクションを観る　7。三越の栖鳳遺作展　神崎憲一　10。

　　旬報　畏し、御物十八点－御貸下に輝く明治美術名作大展示会／生産美術新会員－「国風〔彫塑会〕」の鈴木〔賢二〕永原〔広〕両氏／銅像続々応召／健民彫塑記念図録－大政翼賛会から刊行　12。

　　予報　太平洋画会第卅九回展／団欒社二回展－期待される古代人形と泰国玩具／独立第十三回展公募－作品の種類並に点数等は前回通り／一玄会三回展／野村隆雄個展　12。勤王画人松本宏洞遺墨展－群馬県下有力者五十余名の発起　13。

　　記事　展覧会の暦　12。消息／編輯部より一言／「美術新報」献納運動謹告　13。

第53号（1943年3月1日）　明治絵画検討

　　表紙　セルボリニ《春来る》（自刻木版）。

　　口絵　松林桂月《富嶽図》。

　　グラフ　明治初期の絵画作品－明治美術名作展作品抄（全5頁）。光風会第三十回展覧会作品。

皇紀二千六百二年度水彩画推奨記録展作品／街頭展から。第二回尚絅会展作品／第七回七鳳会展作品。

　巻頭コラム　美術報国会生れるか　1。

　旬間展望　刮目すべき陸軍美術展／日本画も文化工作の一翼へ／芸術院会員（日本画部）懇談会／日本画用絵絹漸く確保　1。

　特輯「明治絵画検討」　明治絵画の回顧　石井柏亭　2。明治絵画史の断面　川路柳虹　4。日本近世画人論序説　小林源太郎　6。明治の日本画随想　金井紫雲　8。

　記事　美術点景　5。故加藤静児君のこと　辻永／美術点景　8。光風会卅年を回顧して　清水良雄　10。展覧会の暦　11。「美術新報」献納　12。

　展評　光風会卅回展　佐波甫　10。

　旬報　中国で日本画展ー北京・南京・天津・上海／光風会授賞式ー新会員四氏新会友七氏／屏風・額等に公定価／日本画資材統制会関西支部総会／天然岩絵具ー需用者に配給か　11。

　予報　陽春に大阪市展ー洋画の二団体も新参加／緑巷会五回展ー〔満洲〕開拓画も多数陳列／泰国で開く日本画展内示ー東西大家の日本精神象徴作品四十点　11。維新画会展／日本水彩画会の公募内容ー満三十周年の記念展・全役員緊張／東山魁夷写生展／太平洋画会卅九回展迫る／パステル肖像画展ー〔土屋〕華紅氏近作十数点　12。

第５４号（１９４３年３月１０日）　コロー研究・独立美術展作品

　表紙　不詳。

　口絵（原色版）　カミーユ・コロー《水車小屋》、《朝（ニンフの踊）》。

　グラフ　コローの風景画、コローの人物画（全４頁）。独立美術協会第十三回展作品（全３頁）。奥原晴湖遺作展。第十三回独立展会友・新人作品。

　巻頭コラム　調子の高さ低さ　1。

　旬間展望　青甲社の産業人激励展／二つの彩管報国（島田墨仙翁・池上秀畝翁）／第二次栖鳳遺作展／栖鳳記念館建立の議　1。

　特輯「美術決戦態勢と美術団体一元化の問題」　決戦態勢下の美術界　荒城季夫　2。美術家報国会に就て　北村西望／報国会と戦争画　鏑木清方　3。

　特輯「コロー研究」　東洋的画人コロ　内田巌　4。コロー点描ークラシツクとしてのコローー　川路柳虹　8。

　展評　「最近の街頭展より」（七鳳会七回展／国洋会四回展／旺玄会一回展／彩交会一回展）グラフ頁。独立展評　内海文夫／上野忠雅隈取十八番展　豊田豊　10。

　記事　本社より　10。展覧会の暦　11。「増税の反響」（益々努力せん　高島屋百貨店・川勝取締役／利潤追及は揚棄せよ　高島屋美術部長・川島義雄／納税報国　株式会社東京会取締役・田中良助）／消息　12。

　旬報　独立美術百点献納ー産報主催・全国各工場で移動展／耕人社結成ー理事長に栞本氏／団欒社展入賞ー各部合せて十一名　11。

　予報　青龍社春季展ー四月三大都市で連催／旺玄社展目睫／大東南宗院第二回展公募／東光会展迫る／素顔社十三回展／巴会第七回展／造営彫塑人会第一回展／表具工業組合今年の表装展を

中止－奇特・掛額献納展開催　11。伝統と歴史に輝く国風盆栽展／武者小路〔実篤〕個展－新作日本画に期待　12。

第５５号（１９４３年３月２０日）　　ゴッホの研究・陸軍美術展
　　表紙　ヴァン・ゴッホ《星月夜の糸杉のある道》。
　　グラフ　ヴァン・ゴッホの作品（全３頁）。陸軍美術展覧会作品（全４頁）。南京へゆく日本画。松本宏洞遺作展。第三十九回太平洋画会展。東山魁夷第二回旅の写生展／野村陸雄個展。
　　巻頭コラム　策動を封ぜよ　1。
　　旬間展望　美術界に沸る献艦企画／大日本工芸会「芸」「技」認定に成案／第六回玉堂塾献画展開く　1。
　　特輯「美術決戦態勢と美術団体一元化の問題」　美術界一元化の根本精神　川路柳虹　2。美術界一元化の問題　尾川多計　3。
　　特輯「ゴッホの研究」　ゴッホ芸術の展開　成田重郎　4。ヴァン・ゴッホの生涯　式場隆三郎　6。ゴッホ拾ひ書き（名前の読み方その他）　S.S.M　10。
　　記事　美術点描／新刊紹介（日本美の精神）　9。市内の銅像応召　10。展覧会の暦　11。
　　展評　東山魁夷第二回旅の写生展／野村陸雄個展　グラフ頁。陸軍美術展を見て　江川和彦　8。勤皇画人松本宏洞翁　飯塚米雨　9。街頭展を巡る（一玄会三回展・内山雨海個展・黒田久美子個展・文学洙個展）　10。
　　旬報　爪哇に聖戦記念美術館－従軍画家の記録画特陳の企画進捗／全日本彫塑家聯盟近く総会開催／森寛齋五十年記念遺作展／太平洋画会展授賞者九名／独立の新会員新会友授賞者／故建畠〔大夢〕氏一周忌／国土会結成　11。
　　予報　勤皇護国烈士顕彰彫塑展－作家実に七百名動員／京都洋画家聯盟献納画展－作品三百点／産業戦士絵画展／忠愛美術院第三回展　11。第三回正統木彫家展公募－次代を背負ふ若き作家に期待－／故平岡〔権八郎〕遺作展／美術創作家協会第七回展／第八回京都市展／構造社五月に第十六回展／創元第三回展／菊屋画廊創立三周年記念展／阿部次郎吉個展／第一美術協会第十五回展／高橋幸雄個展／「日本画院」第五回展迫る／中丸静思個展　12。

第５６号（１９４３年４月１日）　　ラファエロの研究
　　表紙　ラファエロ《自画像》。
　　口絵（原色版）　川島理一郎《アンコール・トム月明下の警備団》。
　　グラフ　ラファエロの作品（全６頁）。長流画塾献納画展作品。旺元社第十一回展作品。第十六回旺玄社展作品集。第十六回旺玄社受賞及新同人作品集。第五回緑巷会展作品。第六回連袖会展作品。
　　巻頭コラム　藤島画伯を悼む　1。
　　旬間展望　美術団体一元化の進発／「芸」「技」に係る資格認定標準決定す／東條首相、バーモ長官へ心盡しの絵を贈る　1。
　　特輯「ラファエロの研究」　ラファエル・サンチ　森田亀之助　2。ラファエロの綜合主義　内海文夫　5。

展評　旺玄社展を観て　田沢田軒　8。
　記事　藤島武二氏逝去／藤島先生を悼む　南薫造　8。藤島先生を憶ふ－若き弟子の一人として－　猪熊弦一郎／沈黙　藤島武二　9。美術機構と人　浅利篤／諸家のパレット公開（その一）　伊原宇三郎　10。展覧会の暦　11。消息　12。
　旬報　重美品指定－絵画・工芸品等三百一種／旺玄社展受賞－新同人推薦六氏／兵庫県東部画家隣組新たに結成／富山県勤皇烈士顕彰彫塑会／小早川秋声氏記録画二作完成（爆破・進撃）／美術創作展新入選／山崎朝雲寿賀記念会／全日本彫塑家聯盟総会延期　11。
　予報　国宝古美術拓本（表装）展／児玉画塾展／福島省三個展／小牧〔盛行〕氏生産画展（銀座・菊屋）／創元会六月に公募展／古川北華個展／田辺穣南方展－従軍の現地報告／中西北嶺個展／塊人社第十一〔十二〕回彫塑展／鹿児島二喬日本画展／岩崎鐸処女展　12。

第57号（1943年4月10日）　クゥルベー研究

　表紙　クウルベー《石割》。
　口絵（原色版）　クウルベー《河畔の女》。
　グラフ　クゥルベーの作品（全4頁）。美術創作家協会〔第七回〕展作品。春の青龍社展作品。第十一回東光会展会員及会友諸作品。東西名家色紙展抄。街頭展から。
　巻頭コラム　春の美術季節始る　1。
　旬間展望　芸術院賞受賞者決定／芸術報国大会盛況　1。
　特輯「クゥルベー研究」　ギュスターヴ・クールベー－プティパレーの回顧展－　木下孝則　2。クルベーと写実主義　幡谷正義　4。
　展評　美術創作展所感　今泉篤男／東光展新人評　佐藤一章　6。春の東都諸展観－課税後の状況打診－　豊田豊　7。春の青龍展　木村重夫　8。
　旬報　全国主要職場で巡回展－産報主催・西山堂本諸氏の力作陳列／太平洋画会明年春季展計画－生産各部門から材料蒐集の上制作／春陽会展好評－三雲祥之助氏五点特陳／日本画院授賞－けふ十三氏に／東光会展盛況－新会員・会友・無鑑査大量推薦・受賞十氏／福陽美術会員－郷土白衣勇士慰問／美術創作受賞者　9。
　予報　奈良美協春季展　9。正統木彫展切迫／新緑会二回展／日泰親善日本画展内示会－十五日に大東亜省・今月下旬芝の美術会館／精芸社二回展／日本水彩第卅周年記念展／国展会期迫る／第九回朔日会展目睫／田内駿士個展　10。
　記事　展覧会の暦　9。消息　10。

第58号（1943年4月20日）　春の展覧会

　表紙　不詳。
　口絵（原色版）　山川秀峰《静》（青衿会出品）。
　グラフ　第四回青衿会展受賞者其他作品。第七回児玉画塾展作品。第七回巴会日本画展作品。春の日本画展に輝く三作（伊東深水、児玉希望、野田九浦）。春陽会展作品。日本画院受賞作品と出品作。第二十一回春陽会展受賞者並一般作品。
　巻頭コラム　美術報国会結成準備成る　1。

旬間展望　美術資材配給の一元化－日本美術資材統制会（仮称）誕生／日本画在野団動く－美術赤誠報国会結成準備－／小泉勝雨氏中心に玄潮社成る－日本画壇も逐次新体制に－　1。

　　記事　展覧会の暦　1。社告　10。

　　論評　長崎の絵画　永見徳太郎　5。「芸術院賞受賞者の面影」（島田墨仙氏に就て　松林桂月／宮本三郎氏を思ふ　栗原信　8。熱意の人・古賀忠雄　新田藤太郎／吉田源十郎氏と其の芸術　山崎覚太郎　9）。

　　展評　春陽会展を観る－春陽会に是正さるべきもの－　江川和彦　2。日本画院五回展　金井紫雲／青衿会展　木村重夫　3。児玉希望塾展と巴会　豊田豊　4。「街頭展を巡る」（安部治郎吉個展・素顔社十三回展・中西北嶺個展　8。福島省三個展・中村静思個展・岩崎鐸個展　9）。

　　旬報　日本美術報国会成る－天長の佳節を卜して発会式／春陽会受賞者－新会員に三氏推薦／日本水彩展好評／忠愛美術受賞者－同人に七氏推挙／新興美術入選－絵画六四名・彫刻八名／独立の新会員／明朗美術応援出品／故朗風氏七回忌－明朗美術聯盟墓参　10。

　　予報　美術文化協会第四回公募展／青年美術集団展／青鷺社二回展／煌土社八回展／風土会四回展／本間国生水墨画展／関川富士郎個展／今村寅士個展　10。

第59号（1943年5月1日）　ロダン研究

　　表紙　ロダン。

　　口絵（原色版）　牧野虎雄《静物　秋》。

　　グラフ　ロダンの作品。第三十周年記念日本水彩画協会展。第三回忠愛美術院展。街頭展より。日本水彩画展の作品。新燈社春の展覧会。

　　巻頭コラム　美術報国会の事務局　1。

　　旬間展望　文化勲章授与－光栄に感激する和田英作（画家）伊東忠太（建築家）両氏　1。

　　記事　展覧会の暦　1。故島崎柳塢翁七回忌法要　8。消息　10。

　　特輯「ロダン研究」　ロダンとその名作　成田重郎　2。ロダンと日本芸術　麻田直　5。

　　論評　日本水彩画協会の卅周年展に際して　石井柏亭／文化勲章拝受の和田英作画伯－至当の光栄　児島喜久雄　6。独逸芸術家の保護　黒田礼二　7。

　　展評　第三回忠愛美術院展／街頭展を巡る（田内駿士紀行画展・小牧盛行個展・石井滋木彫展・朔日会九回展）　8。

　　旬報　京都市展開く／新興受賞決定／京都日本画家聯盟貯蓄組合結成に大童／日東美術院新院友に七氏／大日本工芸会京都支部で作業場視察／京人形報国会献金　9。

　　予報　舞鶴海軍病院献画展－京都日本画家聯盟の美挙・無料公開／五月会十二回展／福陽十五回展　9。待望さるゝ一水会春季展－会員のみ各二点内外の力作発表／御盾会二回展／翔鳥会六回展／中川〔紀元〕・佐野〔繁次郎〕二人展／大日美術院第六回展目睫／一采社三回展／茉莉会四回展／青年美術団展－献納扇面も特陳／双台社の第三回展迫る－特別陳列に生産増進課題画多数／藤代聰麿個展／長原坦二回展／根本雅夫個展　10。

第60号（1943年5月10日）　シヤルダン研究

　　表紙　シヤルダン《若き画家》。

口絵（原色版）　シヤルダン《御用きゝの女》。
　グラフ　十八世紀に於ける市民生活の画家シヤルダン（全4頁）。国画会第十八回展覧会作品。大東南宗院第二回展。国展受賞作品より／国展工芸作品より。本間国生水墨画展作品／街頭個展より（中村静思、鹿児島二喬、福島省三、岩崎鐸）。第五回維新画会展。
　一旬の展望　芸術への大御心－文化勲章拝受の伊東、和田両氏／美術報国会の初代会長に大観画伯内定／漫画奉公会の発足と楽天会長／歴史的海戦を再現するため廿五氏を前線へ派遣　1。
　特輯「シヤルダン研究」　シヤルダン　田近憲三　2。市民生活の画家シヤルダン　川路柳虹　6。
　記事　仏印と画期的美術交換／諸家のパレット公開（その二）　佐藤敬　5。東條首相へ豪華な画帳／展覧会の暦　9。
　展評　国画会展を観る　内海文夫／国展の工芸　大島隆一　7。大東南宗院展／本間国生氏の近作　金井紫雲　8。
　旬報　日本版画奉公会－あす大政翼賛会で結成式／全国の工場・青年学校で－今日から大東亜戦画巡回展／大日本海洋美術展に帰還画家特別出品／奈良県美協展－栄えの受賞九氏　9。
　予報　十八画伯の大作－来月一日展観後大阪美術館に保存／明朗新人展／高間惣七氏個展－南方の花鳥約十点／銀鵬社三回展－競ふ水彩画界新鋭　9。愈々来月第五回現代美術展－本年度の新しい試み・第三部を特設／汎美、九回展に際し改組－新東亜美術協会を結成し作品公募／日本女子美術院第三回展－六月七日一般公募作品を鑑審査／皇軍将兵慰問の肉筆絵端書募集／百九十一番居の玉村氏－珍しや、古昔の戦争画九点を発表／福陽十五回展－力作のみを出陳／綵尚会五回展－九作家の近作／橋田庫次個展－一年間の努力作／土橋醇一個展　10。

第61号（1943年5月20日）　フラゴナアル研究・栖鳳回顧展

　表紙　竹内栖鳳《竹》。
　口絵（原色版）　竹内栖鳳《薫風蕭寺》。
　グラフ　フラゴナアルの作品（全4頁）。竹内栖鳳回顧展作品。第十五回第一美術展作品。第一回新人画会展出品作品。菊屋画廊三周年記念展作品。
　一旬の展望　新興美術院の分裂／国画院の解散／出品画の寸法制限－日本美術院先鞭をつく　1。
　特輯「フラゴナアル研究」　フラゴナアルの芸術－ロココの二つの面について－　川路柳虹　2。
　特輯「栖鳳回顧展」　栖鳳回顧展を観て　田沢田軒　8。栖鳳回顧展に際して（竹内逸／高島屋美術部長・川島義夫）／栖鳳略年譜　9。
　記事　結城正明の事ども　小林源太郎　4。芸術院会員会議召集－文展審査員銓衡其の他出品規定を協議のため／帝都で現代仏印美術展　6。文化勲章に輝く和田英作先生の横顔　岩佐新　7。諸家のパレット公開（その三）－川島理一郎－　8。展覧会の暦　11。新刊紹介（青天祭）　12。
　展評　街頭展を巡る（第一美術協会展・御盾会第二回展・第四回風土会展）　11。
　旬報　日本美術報国会発足－日本美術及工芸統制協会も同時創立　11。

予報　美術文化協会第四回展迫る－主宰福沢氏神話取材の大作出品／皐陶会四回展－力作数十点期待／山の絵の会展／新美術人第六回展の公募／松子社二回展／丹辰社五回展／会名を改めて有人会一回展／閃人社五回展／読画会展迫る　12。

第62号（1943年6月1日）　　ゴーガンの研究・大日美術院展

　　表紙　ゴーガン《自画像》。

　　口絵（原色版）　青木大乗《天地初発（神国日本その一）》。

　　グラフ　ゴオガンの作品（全4頁）。第六回大日美術院展覧会作品。第三回正統木彫家協会展作品。第六回大日美術院展覧会作品。第八回煌土社展作品。第九回朔日会展作品／第十五回福陽美術展作品。青鷺社第二回展覧会作品／第二回御盾会展覧会作品。

　　巻頭詩　「山本元帥につゞけ」　1。

　　一旬の展望　美報「山本魂」の宣揚　1。

　　特輯「ゴーガンの研究」　現代文化を見棄てたポール・ゴオガン　幡谷正義　2。

　　論評　ルーカス・クラナーハ翁　黒田礼二　4。時の人　横山大観　中野仙香　6。

　　展評　正統木彫会展　大蔵雄夫　4。煌土社第八回展　5。街頭展を巡る（第八回煌土社展・一水会春季展・藤田嗣治個展）　6。大日展検討　豊田豊／第九回朔日会展を観る　山岸外史　7。

　　記事　産業戦士の敢闘状況を活写－太平洋画会／一人一想　読書感　懶青楓／諸家のパレット公開（その四）－宮本三郎－　5。美報、盡忠の道驀進－燦！皇国の伝統を顕現する連城の壁〔日本美術報国会「定款」掲載〕　8。烈々、美報創立総会に於ける横山会長の挨拶　9。閑院宮殿下御馬上像　北村西望氏謹作／展覧会の暦　10。

　　旬報　新東亜美術第九回展－汎美術改組後の第一回展で注目／桃李会一回展－平田郷陽門の人々／榎倉〔省吾〕・柏原〔覚太郎〕・高井〔貞二〕三人展／第十回創造美術東京展／白鳳会四回展／小林徳三郎個展／九元社第九回展－課題は井之頭自然文化園内設置作品／赤城〔泰舒〕氏水彩展／小川マリ個展　10。

第63号（1943年6月10日）　　ヴェラスケス研究

　　表紙　ヴェラスケス《法王インノーセント十世像》。

　　口絵（原色版）　ヴェラスケス《王女マルゲリータ》。

　　グラフ　ヴェラスケスの作品（全4頁）。増産礼讃画－第三回双台展特陳。青丘会展。玉村方久斗個展作品／第二回松子社展覧会出品作。第七回大日本海洋美術展覧会作品。東京会新作展／第八回青丘会新作画展。現代工芸美術名作鑑賞展作品　9。〔中川〕紀元・〔佐野〕繁次郎二人展　10。第三回一采社展　11。

　　一旬の展望　アツツの忠魂に応へん／報国会と「文展」の問題　1。

　　論評　ヴェラスケス　古沢岩美　2。双台社展の課題制作に就て　江川和彦　5。増産戦線を謳ふ－第三回双台展の特陳画　6。

　　記事　諸家のパレット公開（その五）－木下孝則－　4。美術報国会に対する抱負（第一部部長　野田九浦氏談／第二部部長・理事代表　辻永氏談　6。第三部部長・幹事長　加藤顕清氏談／事務局長・第四部部長　高村豊周氏談　7）。人物回覧板（1）－寺内萬治郎・熊谷守一　岩

佐新／今秋画壇に異変－寸法・出品点数制限　8。展覧会の暦　14。

　　展評　街頭展を巡る（二つの工芸展－名作鑑賞展・工芸燦匠会展　大島隆一　9。第三回一采社展／水彩時代展／第二回青鸞社展　10。一水会春季展／小柳創生個展／扶桑会春季展／藤代聡麿個展／橋田庫次個展／第八回新古典美術展　11）。

　　旬報　美統、堂々の体容！－会長に前吉野商相・理事長に児玉希望氏〔美統「定款」掲載〕12。大日本赤誠日本画家奉公会－結成後極力聖戦完遂の為に奉仕／美術文化協会受賞者－第四回で決議闡明／日本美術協会百二十二回展受賞者／海洋展受賞者／大日美術受賞者／第一美術新会友／大邦画会発足－会長に森大雅氏／田村一男個展　13。

　　予報　群馬美術献画展－全会員四十氏の努力作／日本版画展－木版・銅版・石版等／建畠大夢遺作展愈々迫る／石井鶴三個展／集団『陸』一回展－日大美術科出身／日本作家協会一回展公募／橋本多聞堂主催新作日本画展／武者小路〔実篤〕個展／新美術人第六回展切迫／西本白鳥個展／菊地友一個展　14。

第64号（1943年6月20日）　建畠大夢遺作展・現代仏印美術

　　表紙　建畠大夢《陸奥宗光像》。

　　口絵（原色版）　田中咄哉州《肇国》。

　　グラフ　建畠大夢遺作展（全6頁）。現代仏印美術展作品。第四回美術文化協会展作品。藤田嗣治近作展作品／第六回六萌会展作品。第三十六回読画会展作品。青我会展作品。池田遥邨個人展覧会。

　　一旬の展望　高村「美報」事務局長／陸軍の大東亜戦記録画制作／中村不折氏の訃　1。

　　特輯「巨匠建畠大夢の追想」　彫刻家建畠大夢　高村光太郎／建畠大夢年譜　2。大夢素描　北村西望／からたち（俳句13句／大夢句帖より）　建畠大夢　3。父に就いて　建畠覚造　4。

　　記事　諸家のパレット公開（その六）－石井柏亭　4。人物回覧板（2）－林倭衛氏・高間惣七氏－　岩佐新　5。展覧会の暦／消息　10。

　　展評　玉村方久斗個展評　豊田豊　5。仏印現代美術展を観て　川路柳虹　6。読画会を観る　金井紫雲／美術文化展寸評　四宮潤一　8。街頭展を巡る（泥谷文景個展　田沢田軒／皐陶会四回展／火曜会二回展）　9。

　　旬報　博物館陳列品の解説強化－古美術を通じ祖国認識の昂揚企図　9。

　　予報　第三十回二科展－一点の大いさ「六十号」以下に制限　9。東邦画研究展／実生美術一回展／朱葉会廿五周年記念展／三三美術第二回展公募／塔和会処女展／松尾醇一郎個展／時事彫刻展／青壺会一回展　10。

　　業界欄　東京会春期新作展－先づ中の成績　10。

第65号（1943年7月1日）　ヂョットオと北宗画

　　表紙　ヂョットオ《小鳥に説教する聖フランシス》。

　　口絵（原色版）　伝ヂョットオ（ヂョットオ派の作）《詩人ダンテ像》。

　　グラフ　ヂョットオの作品（全5頁）。第三回九室会展作品。第八回京都市美術展覧会作品。三越日本画小品展作品。満三十周年記念日本水彩展。小川マリ第六回個人展覧会作品。第五回現

代美術展作品。

一旬の展望 問題の芸術院会議と文展／皇太子殿下御誕生記念日本近代美術館の敷地御貸下げ 1。

論評 ヂォットオの生涯と作品 摩寿意善郎 2。黄檗僧と北宗画 永見徳太郎 6。

記事 能と歌舞伎と絵 上野忠雅 7。南方従軍行に際して 鶴田吾郎／建畠大夢 林町の思ひ出 山根八春 8。美報、「山本元帥」再現の製作者四氏内定／諸家のパレット公開（その七）－足立源一郎－ 9。「時の人」高村豊周 志麻太郎／「一人一想」怒髪の表現 西田正秋 10。「人物回覧板」(3)－太田三郎氏・熊岡美彦氏－ 岩佐新 11。展覧会の暦 13。消息 14。

展評 鮮展を観て思ふ 飛田周山／京都市展総観 豊田豊 12。

旬報 文展の協力体制成る－各出品に地方予選・規格も大幅制限／二科会協調／建艦献納全日本工芸美京都内示展好評 13。皇国版画芸術を宣揚－日本版画奉公会の堂々たる予定事業／日本彫刻家協会－受賞と新会友／晨人会日本画－増産戦士へ寄贈 14。

予報 一水会七回展作品公募－応募作品は「一人三点」以内／九元社展迫る／画壇会油絵展－互陽会展も合流／利行の遺作展－本郷羽黒洞主催／坂田〔虎一〕桜田〔精一〕二人展／印度「ミニアチユール」展－近頃珍しき展観（資生堂画廊）／山本蘭村南方展 14。

第66号（1943年7月10日） シャヴァンヌと桃山

表紙 シャヴァンヌ《デッサン》。

口絵（原色版） 杉山寧《花菖蒲》。

グラフ ピュヴィス・ド・シャヴァンヌの作品（全2頁）。桃山の絵画－大覚寺障壁画。三井コレクション展作品。創元会第三回展作品。新美術人展。珊々会第九回展。第三回創元会展出陳作品。第五回春季大輪画院展作品。佐々木永秀・森梅渓日本画二人展／創造美術協会第十回展作品。

一旬の展望 文展の新規定発表／団体公認と非公認の問題 1。

論評 人間及び芸術家としてのシャヴァンヌ 成田重郎 2。永徳と友松とを顧る 小林源太郎 4。

記事 擬装アメリカ文化の正体 古城江観 6。「人物回覧板」(4)－木下孝則氏・斎藤与里氏 岩佐新 7。呑山楼紀聞 本山荻舟 8。展覧会の暦 12。

展評 京都の青茨会展 豊田豊 7。構造社と勤皇烈士展 大蔵雄夫 9。新美術人展を観る 木村重夫／第三回創元会展 中野和高 11。珊々会九回展 豊田豊 13。

旬報 無所属日本画家聯合－時局に即応結成・近く献画展／垂涎の祇園祭礼史料／日本版画展の授賞と新会員／赤誠凝集、巨額の献金続々－全日本彫塑家聯盟から九万二千余円／献艦頒布画会－岐阜県画人協会の奉仕／青龍社懇親会／昭華会日本画展／華畝会、新会友推薦と授賞／京都絵専〔創立第六十三回〕記念行事 12。

予報 藤島武二氏を偲ぶ－上野府美術館で遺作展／三都で乾坤社第五回展／王様商会生産人美術展－専門家指導の成果 13。

第67号（1943年7月20日） 山と海の画材

表紙 不詳。

口絵（原色版）　ウィリー・ザイラー《悪魔の谷「ドイツの山」》。

グラフ　「山と海の画材」（写真：阪井政治郎撮影）（全4頁）。アルプスの画家セガンチーニの作品。根津美術館展観品。堂本印象画塾東丘社「敵国降伏」連作展。第三回東邦画研究会展作品／地上展。集団「陸」第一回展／第十八回燦木社展出陳作品／第四回白鳳会展作品。第一回柏原・榎倉・高井三人展／西本白鳥個展／武者小路実篤個展／塔和会展／西田藤次郎・松下氏紀二人展。

一旬の展望　決戦態勢と美術／島田墨仙翁を悼む　1。

論評　セガンチーニとアルプスの牧歌　川路柳虹　2。山国の写生地　中村善策　4。北の海幸　安田豊　5。水に因む名作　金井紫雲　6。武州高尾山の仏法僧　中西悟堂／街に壁画を　春日部たすく　8。呑山楼紀聞（中）　本山荻舟　10。

展評　大輪画院と清籟社の小品展　豊田豊　6。庚辰会展　大島隆一　7。「街の展覧会を巡る」（西本白鳥第五回展・日本山岳画協会展・武者小路実篤個展・仲田菊代個展・赤城泰舒水彩個展・白鳳会第四回展・群馬美術献納作展・第一回青壺会展・兄妹展「地上」・塔和会第一回展・石井鶴三個展・松尾醇一郎版画展・実生美術家集団展）　12。

旬報　文展の新機構に亀裂－新制作派三氏二科一氏審査員辞退／無所属日本画家聯合結成式盛大／群馬美協篤志郷土部隊へ献画／日比文化会館－比島独立を記念、年内に開館・わが美術工芸品陳列場設置／早苗会掉尾の美挙－京都市へ寄付金／桐生美術報国会事業計画成る／東丘社「敵国降伏」連作展好評／堂本塾巡回展－浦賀ドック社内で成果／島田墨仙氏逝く　13。国風彫塑会公募展廃止－研究作品展を不定期に開催せん／航空魂を絵に－期待さるゝ「戦ふ空の少年兵巡回美術展」／京都絵専全生徒鋭意勤労作業－兵器参考図を製作献納　14。

予報　第三十回院展－画面寸法を厳重制限／日本作家協会展／誌上夏季講座特輯／今秋大潮展／七耀会二回展　14。

第68号（1943年8月1日）　誌上夏季美術講座（一）

表紙　ヂヨット《最後の審判》。

口絵（原色版）　牧野司郎《午後の海》。

グラフ　基督教会と絵画。ルネッサンスとバロック芸術。近代西欧絵画の異国趣味。尚絅会展作品。第九回新東亜展作品。第九回九元社彫刻展作品／坂田〔虎一〕・桜田〔精一〕二人展。

一旬の展望　文展をめぐるいざこざ／美術界の午睡季　1。

講座「西洋美術史」　基督教会と絵画　青柳正広　2。バロック芸術に就いて　森田亀之助　6。

講座「趣味」　近代絵画に於ける異国趣味　成田重郎　4。

講座「色彩学」　色彩学概説　遠藤教三　14。

記事　明治天皇御一代油彩画寄贈／青甲社彩管報国へ更に邁進／石井柏亭氏「奥の細道」巡歴　5。「文と絵」烏賊のあくび　上野山清貢　9。「美術用語略解」（アカデミック・亜麻仁油・アルカイック・アクセント・アトモスフェール・アウトライン・バランス）／江戸趣味　田中咄哉州　10。「人物回覧板」（5）－猪熊弦一郎氏・野間仁根氏－　岩佐新　11。呑山楼紀聞（下の一）　本山荻舟　12。

展評　第九回新東亜美術展　10。二つの世代（現代工芸巨匠展・辻工房展）　大島隆一／直土会と九元社　大蔵雄夫　15。

旬報　銅像、美術品も動員－商工省に特殊回収銅物件審査委員会設置／藤島武二遺作展／日本風景画院創立さる－唯物無神の思潮排撃・主宰河口氏／二科の渡辺〔義知〕氏〔文展〕審査員辞退声明／緑巷会挙げて文展に協力／盟邦へ国華の絵－畝田幸爾路氏奉献　16。

　　予報　扶桑会展　16。

第69号（1943年8月10日）　誌上夏季美術講座（二）

　　表紙　ホイスラー《エツチング》。

　　口絵（原色版）　アルベルト・ベナール《婦人像》（パステル）。

　　グラフ　古代彫刻。美術の建設と復興期。正倉院御物より。写楽の役者絵。グィド・レーニ《アゥローラ》。デッサン（藤島武二・黒田清輝）。

　　一旬の展望　文展無鑑査と招待制　1。

　　講座「西洋美術史」　美術の建設とルネッサンス時代　田近憲三　2。

　　講座「趣味」　浮世絵の話　織田一麿　5。

　　講座「工芸」　日本工芸の特質　渡辺素舟　6。

　　講座「彫刻」　彫刻の感覚と技術　本郷新　8。

　　講座「芸術学」　様式の一般概念　川路柳虹　10。

　　記事　「人物回覧板」（6）－曾宮一念氏・中山巍氏　岩佐新／「美術用語略解」（調子・調和・デリカ・デコラチーフ・デカダンス・デフオルマシオン・エスキス・エキゾテイツク・エチユード・エツフエ・エコール・フオルム・フオーヴイズム・グラシ・グロテスク・反対色）　9。美術界稀有の問題－児玉希望氏文展委員に漏れる　13。

　　展評　興亜造形文化展　大島隆一　12。古川晴二遺作追悼展／坂田・桜田二人展／素描淡彩展〔美穂堂〕／宮嶋美明個人展／山本蘭村個人展覧会／広島県美術人協会展　13。

　　旬報　文展に招待出品制－無鑑査は三年交代・第一部のみ隔年　14。川合玉堂氏委員辞退／美報暗礁へ！－会員との諒解なつて新発足／待望の絵絹入荷－本部の特販愈々開始さる／美統初の統制違反　15。

　　予報　決戦美術展覧会－東京都美術館で陸軍美術協会主催／朱葉会記念展　15。

第70号（1943年8月20日）　誌上夏季美術講座（Ⅲ）

　　表紙　ツォルン《エッチング》。

　　口絵（原色版）　伊東深水《南洋風俗スケッチ》。

　　グラフ　美術の建設と復興期（全3頁）。密教絵画としての両界曼荼羅。近代フランス絵画（全3頁）。デッサン（全4頁）。

　　一旬の展望　山口、安井両画伯の光栄／美術の文化使節泰国へ／画壇挺身隊蘭貢に集結　1。

　　講座「西洋美術史」　美術建設とルネッサンス時代（2）　田近憲三　2。近代フランス絵画の特質　荒城季夫　10。

　　講座「東洋美術史」　曼荼羅講話　下店静市　6。

　　講座「技法」　基礎訓練としての素描　内田巌　8。エツチングの描き方　西田武雄　9。

　　論評　光専寺の聖戦遺蹟襖絵－福田眉仙氏の近業を観る　豊田豊　12。

記事　画家の重砲兵学校と戦車兵学校見学　9。美術用語略解（ハーフトーン・ハーモニー・インスピレーション・クラシツク他）　11。消息　14。
　　旬報　京都美術館の新計企－大家自選展／文展予選会場－京都では美術館か／京都博物館特別公開／京都林泉協会例会　13。
　　予報　青龍第十五回展－東京・大阪・福岡で／日本美術協会百廿三回展／日本劇画院展　13。第五回青年美術家集団展－会員新作四十点・慰問絵葉書一千枚／「生動」研究展－「紀元」内の有志主催／日本漫画奉公会主催戦ふ国鉄漫画展／台湾美術展－台北市公会堂で／大政翼賛会支部後援新興岐阜院展／同雅会同人展　14。

第71号（1943年9月1日）　青龍社展・構図の復活　誌上夏季美術講座（Ⅳ）
　　表紙　鍛冶海雪《日午》。
　　口絵（原色版）　川端龍子《真如法親王》。
　　グラフ　第十五回青龍社展覧会。文化の公敵を倒せ！盲爆に砕かれしミラノの名刹。近代の構図。南画と北画。第五回乾坤社出品展。第十五回青龍社展覧会。産業戦士慰問激励・新作日本画展示会。中国の美術面　佐波甫　6。
　　一旬の展望　空爆と美術品／美術季開幕す／親善の楔！日華漫画展　1。
　　講座　構図の復活　柳亮　2。
　　講座「東洋美術史」　南画と北画　北川桃雄　4。
　　講座「日本画技法」　人物を描く　畠山錦成　10。
　　記事　新刊紹介（関口俊吾・三輪啓三共訳『エル・グレコ』／川路柳虹『美の典型』）　3。中国の美術面　佐波甫　6。呑山楼紀聞（下の二）　本山荻舟　11。
　　展評　青龍社展　四宮潤一　6。第十五回青龍展を観る　木村重夫／青龍社十五回展に際して　川端龍子　8。
　　旬報　青龍社第十五回展栄えの新入選－開催中の東京展好評／赤堀信平氏等結束し興国美術院発足／絢爛、目を養ふ西陣織物展／新生美術協会結成さる－春秋二回展観開催・目下海軍病院を慰問中　13。
　　予報　気鋭群新油絵協会創立　13。

第72号（1943年9月10日）　二科展号
　　表紙　八柳恭二《空の神兵》。
　　口絵（原色版）　岡田謙三《群像習作》。
　　グラフ　第三十回二科美術展覧会作品（全8頁）。二科展彫刻作品。二科特陳正宗得三郎回顧作／二科会展作品。第二回信濃美術協会展作品／第一回青壺会展出品作品。木下孝則個展／堀野秀雄作品／第五回青年美術家集団展作品。
　　一旬の展望　美術団体の問題　1。
　　特輯「三十回二科展」　二科展を観る　荒城季夫　2。二科会展評　四宮潤一　4。正宗得三郎の画業回顧（二科回顧陳列を見て）　川路柳虹　7。「二科を語る」（二科三十年の回顧　正宗得三郎氏談／二科の今後　野間仁根氏談）／二科の彫刻　大蔵雄夫　8。「二科を語る」（二科の傾

向　松本弘三／新評議員身辺小感　服部正一郎）／黒田、鍋井、中川三画伯二科会を退会！／第三十回二科展の入選者／本年二科展授賞者発表　9。田口省吾君を悼む　中川紀元　10。田口掬汀氏を悼む　11。

　　記事　工芸資材の問題　O生　6。新刊紹介（高沢初風『詞曲残花集』／吉川赴・豊田豊『中村岳陵』）　6。産業工芸懇話会　10。消息／訂正　13。

　　旬報　美術統制会の絵絹配給状態－未だ完全には廻らぬ－　大山広光氏談／第四部文展審査員はどうなる　某氏談／三十回院展入選発表／中村大三郎画塾寄贈産業戦士激励日本画巡回展／日本漆芸院解散さる／加藤春峰献納画展／近世の傑人陶工米禽遺作展／荻野康児朝鮮風景水彩画個人展　12。石井弥一郎氏個人展／石川滋彦画伯淡彩南方風物画展／決戦美術展受賞作品決る　13。

　　予報　国風彫塑会公募展休催と決まる／本年度一水会展開かる／大輪画院第六回展開催さる／戦艦献納工芸品展示会／三井洋画コレクション開かる／扶桑会第二回展十一月開催される／本年文展移動鑑査－受付日と場所決定　13。

第73号（1943年9月20日）　第卅回院展・決戦美術展

　　表紙　内田巌《飛行場建設に挺身する学生報国隊》。

　　口絵（原色版）　中村岳陵《まひる》。

　　グラフ　院展の彫刻。第三十回院展作品（全6頁）。決戦美術展。

　　一旬の展望　興国美術に進めよ－世紀の宿命伊太利を想ふ　1。

　　特集「第三十回院展」　院展評　鈴木進　2。院展を観る　藤森順三　5。院展の彫塑　大蔵雄夫　6。院展歴史画と工芸　静勝軒　8。院展日本画の少壮と新人　豊田豊　10。

　　特集「決戦美術展」　決戦美術展を見て　田沢田軒　8。陸軍美術について　鶴田吾郎　9。

　　展評　「工芸」戦艦献納展－一艦でも一機でも多く　11。「街頭展・都美術館　新人記」（三三美術団展覧会・第六回大輪画院展・彩女舎展・伊藤久三郎個人展・難波田龍起個人展・徳力福田両氏作陶展・童画研究発表展）　12。

　　旬報　空爆対策に美報乗出す－空爆と美術・保存方策進展／仏教美術の再興－仏教美術協会設立さる／院展無鑑査決定す－絵画・彫塑部／大輪画院の推挙及授賞　13。好評劇画展／新油絵協会の誕生／安南画家の写生旅行／京都文展出品要項－京都出品協会発表／日本作家協会入選発表／造型新現実展　14。

　　予報　合同！日本作家協会展開かる－歴程・明朗・新協合流第一回展／新制作派協会展開催／歴代御宸翰仁清乾山宗達派展／異彩！鈴木雪哉老師作画展　14。

　　記事　京都雑信　14。

第74号（1943年10月1日）　ティチアノ研究

　　表紙　ティチアノ《マグダレーナ》。

　　グラフ　ティチアノ作品（全5頁）。〔第三回〕航空美術展作品抄。第四回大輪画院展。

　　一旬の展望　美術雑誌の問題　1。

　　論評　ヴェネツィア派とティチアノ（一）　成田重郎　2。

特集「空襲必至！　空爆より美術品を護れ！」　保護対策の諸問題　岡鹿之助（談）／新に国宝を造ろう　藤田嗣治　6。美術家自身保護に当れ　伊原宇三郎／既に万善の策を施す　帝室博物館鑑査官・秋山光夫／保護協力は期す　日本美術報国会事務局長・高村豊周／消防隊の組織あり　根津美術館・小栗譲三　7。特殊な立場　三井コレクション／米英の空爆をうけし主なる文化建造物／美術建造物の空襲対策　内務省防空局指導課長・小幡治和　8。彼らに道義なし－文化の公敵撃滅を期さん－　川路柳虹／護る意志が第一　文部省国宝鑑査官・丸尾彰三郎　9。

　　展評　「最近の展覧会」乾坤社第五回展評　豊田豊／童画の使命　山本蘭村　10。童画研究発表展　S生／第一回千岬会展を見る　小堀進　11。三井コレクション欧洲絵画特別展観／白井次郎遺作展覧会／犇土会第一回展覧会／朱葉会廿五回展覧会　12。

　　旬報　日本作家協会の推挙授賞／日本作家協会の入選発表／第七回一水会入選発表／新制作派の授賞／勤皇歌人真跡掛幅展／三輪孝画伯日本画展／戦ふ少年兵美術展覧会／空の精兵を描く／岸田劉生茶掛展　14。

　　記事　芸苑雑筆／決戦下の工芸界新体制－（技）資格者五百余名の認定　13。消息　14。

第75号（1943年10月10日）　一水会展・新制作派・作家協会展特輯

　　表紙　伊勢正義《二人の印度兵》。

　　口絵（原色版）　玉村方久斗《静物虫曼荼羅》。

　　グラフ　一水会展の作品（全5頁）。新制作派展作品（全2頁）。新制作派の彫刻。第二回日本劇画院展作品。第一回日本作家協会展作品。熊谷九寿個展作品／松平康南個展作品／第一回犇土会展作品。

　　一旬の展望　構想絵画の問題　1。

　　特輯「新制作派展」　新制作派展を見る　幡谷正義　2。新制作派展の出品画　佐藤敬　6。

　　特輯「一水会展」　第七回一水会短評　田沢田軒　4。一水会の仕事　石井柏亭　6。

　　特輯「作家協会展」　作家協会展断感　東台山人　6。日本作家協会生る　狩野晃行　7。

　　記事　会場に拾ふ　7。新刊紹介（『柳北談叢』大島隆一・『大東亜玩具史』西沢笛畝・『尚絅会』同会・『歌舞伎隈取図説』上野忠雄）　9。

　　展評　大輪画院と劇画院展　豊田豊　8。

　　論評　香港と芸術　伊原宇三郎　8。ヴェネツィア派とティチアノ（二）　成田重郎　10。

　　旬報　第六回文展各部入選発表さる／第十回朔日会展開かる　14。

第76号（1943年10月20日）　文展号

　　表紙　伊原宇三郎《バーモウビルマ国家代表像》。

　　口絵（原色版）　堂本印象《北条時宗》。

　　グラフ　文展の彫刻。文展油画作品。文展日本画作品。日本画特選作品。

　　記事　謹告／第六回文展ひらく／予告（戦時記録版日本画及工芸）　1。

　　特輯「第六回文展」　文展日本画八面観　金井紫雲　2。文展日本画の入選と特選　豊田豊　4。文展第二部を評す　幡谷正義　5。文展寸談　吉村芳松　9。文展彫刻評　大蔵雄夫　10。文展の工芸　大島隆一　12。第六回文展入選者　15。

「**本年の文展出品作の傾向　審査員は語る**」寸法制限と戦争画　伊東深水／日本画出品所感　審査主任・前田青邨／気魄を持て　野田九浦／第二部の出品制作を見て　審査主任・辻永／公平な鑑査だ　岡鹿之助／静物画の変遷　中川一政　8。時局はうつる　鶴田吾郎／老年再生　北村西望／大作出現せよ　審査主任・齋藤素巌／工芸鑑査の結果　審査主任・清水亀蔵　9。水彩画について　赤城泰舒　13。

　記事　油絵具の技法について　ウキリー・ザイラー　11。訂正／雑誌献納申込芳名　14。終刊に当りて　猪木卓爾／消息　16。

　展評　「街頭展を巡る」（一果会第二回展覧会・女流油絵展・伊東深水の南方風俗スケツチ展・中川一政水墨画展・泉川白水水墨展・長谷川耕南個人展覧会・熊谷九寿個人展覧会・荒井龍男個展　14。

　予報　水彩聯盟の新発足／班目秀雄個展開催／海老原省象個展／高畑正明水彩展　16。

著作者人名目録

【あ】

阿以田治修　〔5回文展〕特選作家を語る－榎戸庄衛君　43-10

会田富康　金属作品の運命　10-11

相田直彦　水彩画の技法と鑑賞　39-13

青木節一　仏印巡回日本絵画展に就て　1-10

青柳正広　回教絵画の源流　16-8、基督教会と絵画　68-2

赤城泰舒　〔文展審査評〕水彩画について　76-13

秋山光夫（帝室博物館鑑査官）「空襲必至！　空爆より美術品を護れ！」－既に万事の策を施す　74-7

朝倉文夫　今月中には判然としよう　3-14

麻田直　ロダンと日本芸術　59-5

浅野晃　戦ひの秋　8-6

浅利篤（出版文化協会文化部）　最近の美術批評　8-7、工場と美術家－美術人を信ず－　14-17、美術雑誌の使命　24-16、美術機構と人　56-10

足立源一郎　ポンペイ廃址とその壁画　46-6

阿部胤齊（東京美術鋳造組合理事長）　全然見込なし　3-15

荒城季夫　文展の佳作　7-10、美について　33-5、二科会を観る　36-5、決戦態勢下の美術界　54-2、近代フランス絵画の特質　70-10、二科展を観る　72-2

有島生馬　文展作品の傾向（文展一、二部総評）　9-6

飯塚米雨　大東亜建設と桃山美術　22-20、大東亜戦争と長井雲坪の芸術　49-8、勤皇画人松本宏洞翁　55-9

池上恒（臨時東京第一陸軍病院美術部教授）　美術と傷兵生活－感激随想断片　30-15、陸軍美術教育と芸術家の覚醒　35-5

池田さぶろ（絵と文）　文展漫華鏡（「一列入場」6-5、「防空壕」／「最小の工芸品」6-6、「現代婦女図」／「屏風」6-7）、文展漫画鏡（2）（「図書館長図」7-5、「無風帯」／「爆撃　唯一の戦争画」7-6、「裸人群像」7-7）、従軍作家漫訪（川端龍子・川島理一郎）　9-10、情報局次長奥村喜和男氏の肚をたゝく（絵と文）　10-11、戦争を語る－中村研一氏漫訪　12-23、漫訪　齋藤素巖氏　15-14

池田遥邨　神々の苑に佇つ　15-5

池長孟　第二次海外文化に伴ふ日本的芸術－わが蒐集について－　26-12

石井柏亭　現代美術館の建設に就ての所感－予算編成上の喫緊事　9-8、明治の水彩画家－浅井忠氏その他のこと－　17-5、半生の画業を顧みて　24-9、二科開設の当時　36-8、一水会の立場　38-15、文展洋画部の当初　41-10、明治絵画の回顧　53-2、日本水彩画協会の卅周年展に際して　59-6、一水会の仕事　75-6

石川欽一郎　英国の水彩画　17-6

石川寅治　英国で見た水彩画　17-8

石黒敬七　時計蒐集記　4-12

石野隆　現代水彩画界を顧みて　4-7

泉四郎　レオナルドはなぜ孤独であつたかーレオナルド・ダ・ヴインチ忠霊顕彰のためにー　32-17

伊勢正義　本質の把握　38-11

磯田蓉工　現代のイラン　16-13

伊東深水　〔文展審査評〕　6-12、《中支焦山風景》（絵）、「焦山」（文）　35-1、〔5回文展〕特選作家を語るー浜田台児君　43-9、〔文展審査評〕寸法制限と戦争画　76-8

猪木卓爾　新発足に当りて　1-14、私事乍ら（消息）　14-17、終刊に当りて　76-16

猪熊弦一郎　《コレヒドール戦跡》（絵）、「コレヒドール戦跡」（文）　35-4、ピカソの人と作品　45-6、藤島先生を憶ふー若き弟子の一人としてー　56-9

井下清（東京市公園部長）　東京の公園と名園　33-12

伊原宇三郎　文化奉公会美術展　8-6、美術家の手による美術品の保護運動　12-6、ピカソの古典とその後　45-4、「空襲必至！　空爆より美術品を護れ！」ー美術家自身保護に当れ　74-7、香港と芸術　75-8

今泉篤男　国画会展随感　21-13、美術創作展所感　57-6

岩佐新　文化勲章に輝く和田英作先生の横顔　61-7、人物回覧板（1）ー寺内萬治郎・熊谷守一　63-8、人物回覧板（2）ー林倭衛氏・高間惣七氏ー　64-5、「人物回覧板」（3）ー太田三郎氏・熊岡美彦氏ー　65-11、「人物回覧板」（4）ー木下孝則氏・斎藤与里氏　66-7、「人物回覧板」（5）ー猪熊弦一郎氏・野間仁根氏ー　68-11、「人物回覧板」（6）ー曾宮一念氏・中山巍氏　69-9

上田憲司　シルエツトの話　14-18

上田俊次（情報局第五部第三課長）　〔東丘社の共同制作への〕情報局推薦　27-10

上野忠雅　能と歌舞伎と絵　65-7

上野山清貢　烏賊のあくび（文・絵）　68-9

植村鷹千代　時局と美術ー才能の幅についてー　5-4、眼の教養といふこと　19-6、ハーバート・リードの芸術論　50-2

ウエルト，レオン　ピエール・ボナールの芸術　25-12

内田巌　美術家聯盟の結成に当りて　25-5、克明な写実を通じて　38-10、〔無題・5回文展日本画所感〕　42-9、月下痛飲（詩）　43-4、絵のリズム　48-6、精神の現実を描く　50-8、東洋的画人コロ　54-4、基礎訓練としての素描　70-8

宇千陀茂　創元会第二回展を観る　37-11、大潮会展を観る　44-11

内田清之助　科学の眼から観た文展ー文展の鳥獣画の種々相ー　9-12

内海文夫　ドガ覚書　39-8、フランドルとルーベンスの時代　51-6、独立展評　54-10、ラファエロの綜合主義　56-5、国画会展を観る　60-7

宇野浩二　文展門外観　6-8、石井柏亭讃　24-10

生方敏郎　源頼朝－日本武将の祖　13-18

江川和彦　文展洋画部の新人たち　7-12、児童美術展を見て　14-4、今後を担ふ人々（一）－独立展の巻－　18-16、春陽会未だ醒めず　22-17、文展審査員を恥ぢよ　34-13、一水会とその芸術理論－次代を担ふ人たちの態度　38-13、文展洋画作品を論ず－第二部に於ける二三の問題　41-7、〔5回〕文展第二部の新進の人達　43-2、若い人たちの行方－扶桑会・新構造社・今井繁三郎個展等　45-10、二六〇三年の洋画壇に望む　49-6、新しき芸術精神の体得を待つ－白日会第二十回展を見ての所感－　51-8、陸軍美術展を見て　55-8、春陽会展を観る－春陽会に是正さるべきもの－　58-2、双台社展の課題制作に就て　63-5

遠藤教三　日本絵の具の性質　11-8、日本民族と色彩　44-2、色彩学概説　68-14

及川貞女　秋冬句抄　9-15

大串純夫　来迎芸術の特質と鑑賞　21-10

大口理夫　院展評（絵画と彫刻）　37-5

大蔵雄夫　文展（第三部）彫刻を評す　7-8、彫刻界へ－時代認識と青年作家への翹望　12-6、古賀忠雄氏の紙塑彫刻　15-4、塊人社展評　20-3、彫刻界の新人　21-14、直土会展評　27-19、正統木彫展評　28-16、文展彫塑部審査員の人選　29-5、九元社を観る　31-17、中村直人　34-12、院展の彫塑　37-10、国風展を観る　38-3、〔5回〕文展彫塑評　41-12、文展の新進彫塑家　頭の人　手の人　44-8、乾漆彫塑展／赤堀個展　48-11、正統木彫会展　62-4、構造社と勤皇烈士展　66-9、直土会と九元社　68-15、二科の彫刻　72-8、院展の彫塑　73-6、文展彫刻評　76-10

大島隆一（東京府工芸協会）　東京工芸展について　5-14、〔文展〕第四部の作品について　6-15、工芸界の新人達（1）　22-26、工芸界の新人達（2）　23-14、工芸美術界の怪文書－時局不認識の一例　26-5、現代工芸巨匠展　29-15、東京工芸綜合展－第一部出品作品について－　39-12、〔5回〕文展の作品　42-12、二六〇三年の工芸界に望む　49-7、国展の工芸　60-7、庚辰会展　67-7、二つの世代（現代工芸巨匠展・辻工房展）　68-15、興亜造形文化展　69-12、文展の工芸　76-12

大隅為三　裸体美術の限界　2-9、薩珊時代の美術工芸　20-8

太田三郎　多産女神考　30-5

大森光彦　〔5回文展〕土と私　43-14

大山広光　文展工芸雑感　6-16、決戦時下本年の工芸界へ望むこと－さまざまの旧弊を清算せよ－　13-20、東京府工芸協会展　34-3、二人の画人（中村岳陵、池田遥邨）　34-10、清水正太郎作陶展　43-12、尚美術新人小品展　48-10、美術統制会の絵絹配給状態－未だ完全には廻らぬ（談）　72-12

岡鹿之助　「空襲必至！　空爆より美術品を護れ！」－保護対策の諸問題（談）　74-6、〔文展審査評〕公平な鑑査だ　76-8

岡部長景　美術新体制の基底　1-6

岡本一平　書道の「道」といふこと　15-8

尾川多計　二科の中堅・新人　36-7、〔5回〕文展の彫塑　41-14、大東亜戦争美術展の記録画を見る　46-5、新美と春台二展　52-7、美術界一元化の問題　55-3

荻野康児　文展と水彩　41-15
小栗譲三（根津美術館）「空襲必至！ 空爆より美術品を護れ！」－消防隊の組織あり　74-7
織田一麿　浮世絵の話　69-5
小幡治和（内務省防空局指導課長）「空襲必至！ 空爆より美術品を護れ！」－美術建造物の空襲対策　74-8

【か】

鹿児島二喬　川治の晩秋　9-15
笠間杲雄　イラン芸術概観　16-6
春日部たすく　街に壁画を　67-8
加藤顕清（第三部部長・幹事長談）　美術報国会に対する抱負　63-7
金井紫雲　泉川白水個展　3-11、乾坤社を観る　4-10、〔文展〕日本画一巡　6-5、七絃会を観る　10-12、青衿会を観る　15-1、春の青龍社展　21-16、院展の問題作　37-8、文展今昔　42-6、街頭展を観る（日本美術協会展・春陽会秋季展・夾協会二回展・京光会展・遠藤虚籟個展・六甲社一回展・創元会豆絵展）　44-8、十宜会の作品・小川千甕氏近作　45-13、高島屋新画展　48-11、明治の日本画随想　53-8、日本画院五回展　58-3、本間国生氏の近作　60-8、水に因む名作　67-6、文展日本画八面観　76-2
金子九平次　ブウルデエルの作品とその生涯　22-18
狩野晃行　日本作家協会生る　75-7
鏑木清方　〔5回文展〕新国画への出発　42-8、〔5回文展〕特選作家を語る－寺島紫明君　43-9、報国会と戦争画　54-3
川合玉堂　竹内栖鳳の死－弔辞　37-13
川勝取締役（高島屋百貨店）　増税の反響－益々努力せん　54-12
川崎小虎　〔5回文展〕特選作家を語る－小堀安雄君　43-9
川島義雄（高島屋美術部長）　増税の反響－利潤追及は揚棄せよ　54-12、栖鳳回顧展に際して　61-9
川島理一郎　泰国の水田　1-11、泰の古代仏像彫刻　18-9、日本風景美の特質と油絵　31-13
川路柳虹　戦争画の名作　1-8、二科展を観る（上）2-10、二科会展を観る（下）　3-7、新制作派展　4-9、文展洋画第三室の作品　7-9、現代美術館の建設に就ての所感－現代クラシックの尊重　9-9、世界を攪乱する猶太人と近代西欧画壇　10-4、洋画界へ－大東亜戦争の意義を完遂せんことを望む　12-5、漫画及び漫画家の性格　15-10、古代波斯の彫刻・建築・工芸　16-11、ボロ・ブドウルとジヤバ彫刻　18-8、美術人には稀な人　24-11、ピエール・ボナールの世界　25-11、モネの歴史的意義　30-9、レオナルドと「モナリザ」考　32-14、島田墨仙と川崎小虎　34-10、藤島・石井・有島－新制作派展・一水会展　38-8、満洲へおくる代表作品を観て　39-10、ミケランゼロを想ふ　40-8、〔5回文展〕新人に俟つ　43-1、ポンペイの憶ひ出　46-8、ボッチチエリと東邦様式－「春」及び「ヴイナスの誕生」について－　47-10、シオの虐殺　48-7、ギユスタアヴ・モロオの神秘主義　49-2、明治絵

画史の断面　53-4、コロー点描－クラシツクとしてのコロー－　54-8、美術界一元化の根本精神　55-2、市民生活の画家シヤルダン　60-6、セガンチーニとアルプスの牧歌　67-2、様式の一般概念　69-10、正宗得三郎の画業回顧（二科回顧陳列を見て）　72-7、「空襲必至！空爆より美術品を護れ！」彼らに道義なし－文化の公敵撃滅を期さん－　74-9

川端龍子　新版図南方の風光　31-14、青龍社十五回展に際して　71-8

川面隆三（情報局第五部長）　戦争と文化　7-1

神崎憲一　京都画壇　最近の新人達　20-10、晨鳥社展　34-14、三越の栖鳳遺作展　52-10

蒲原有明（訳）　波斯古詩　Rubayyat より　16-14

菊池契月　竹内栖鳳の死－画壇の一偉人として　37-12

喜多壮一郎　美術と国民生活　3-4

木田路郎　航空美術展　3-10、亡ぶか赤都の美術－露西亜近代絵画の一瞥－　5-9、水彩画は余技か本技か　17-11、フオーヴを回顧す－西欧画壇よ、いづくにゆく－　19-12、日本画のモチーヴ　20-14、美術家聯盟に望む－自由主義的思惟を清算せよ－　25-16、二科の彫刻　36-8、新制作派展の彫刻　38-12

北川民次　アメリカの現代美術－附・メキシコ現代画家－　12-18、『みづ絵』の世界　17-9、初期の文化と素朴な美術　20-13、メキシコの現代美術　24-12、水彩画の技法　39-15

北川桃雄　南画と北画　71-4

北村西望　一足先に来た彫塑界の新体制　4-4、現代美術館の建設に就ての所感－建築様式は純日本式に　9-9、空襲話題　48-6、美術家報国会に就て　54-3、〔建畠〕大夢素描　64-3、〔文展審査評〕老年再生　76-9

木下孝則　ギュスターヴ・クールベー－プティパレーの回顧展－　57-2

鬼原素俊　現地画信（一）　8-13、現地画信（二）　12-12、現地画信（三）　12-15

貴船真琴　開国文化と洋風絵画　26-14

木村重夫　児玉画塾展　28-3、日本の風景画　31-10、日本の風景画（承前）　33-11、文展の日本画所感　42-5、新しい絵画運動への決意－新春日本画壇に期待す－　48-8、春の青龍展　57-8、青衿会展　58-3、新美術人展を観る　66-11、第十五回青龍展を観る　71-8

木村荘八　石井〔柏亭〕さんへの雑感　24-10、〔5回文展〕特に傑出したものはない　41-10

木村泰次　印度絵画概説　34-8

金原省吾　日本画の表現における宿命的なもの　2-6、院展　2-11、文展画の画面構成　6-9、日本画界へ－情弊の清算と批評の革正を望む　12-4、弘仁の行動性　14-8、白鳳の原型性　29-6、水墨の味　33-8、現代日本画に欠けたるもの　52-2

楠部弥一　京都陶展と粟田焼失土　2-17、工芸鑑査の後で　8-13

愚直庵主人　美術界煤払ひ　11-8

熊岡美彦　〔5回文展〕文展制度の問題－白川一郎の作を推す　41-10、〔5回文展〕特選作家を語る－胡桃沢源人君　43-10

栗原信　《マレー娘》（絵）　35-8、宮本三郎氏を思ふ　58-8

黒田鵬心　戦争画　2-13、院展同人瞥見　3-8、松園女史が秀逸　6-9、昭和十六年の美術界回顧　11-6、日本の新風景美　31-6、〔5回文展〕仏像を描いた洋画の優作　43-8

黒田礼二　独逸芸術家の保護　59-7、ルーカス・クラナーハ翁　62-4
剣木亨弘（文部省学芸課長）　第五回文展開催に際して　41-1
小磯良平　作品の内と外　38-11
小絲源太郎　〔5回文展〕作品の多様性　41-10、〔5回文展〕特選作家を語る－伊東四郎君　43-10
神津港人　闇の十文字峠を越える　2-15
黒鳥子　大日美術展評　30-16
児島喜久雄　文化勲章拝受の和田英作画伯－至当の光栄　59-6
古城江観　擬装アメリカ文化の正体　66-6
児玉希望　楠公と文展制度の事　8-8
後藤朝太郎　名硯の話（一）　5-10、支那の虫籠　8-10、名硯の話（その三）　9-6
小林源太郎　日本近世画人論序説　53-6、結城正明の事ども　61-4、永徳と友松とを顧る　66-4
小林剛　仏印の王城寺　2-8
小堀進　日本水彩画の推移と傾向　44-6、第一回千艸会展を見る　74-11
近藤市太郎　琴棋書画図－日本人創案の命題　19-8

【さ】

齋藤素巖　〔5回文展〕地道な仕事にはなつたが－森本清水・林勘五郎・古賀忠雄君らの作品　41-10、〔5回文展〕特選作家を語る－林勘五郎君　43-11、〔文展審査評〕大作出現せよ　76-9
ザイラー，ウヰリー　油絵具の技法について　76-11
佐藤一章　東光展新人評　57-6
佐藤敬　飛行機を画因に　38-10、新制作派展の出品画　75-6
佐藤惣之助　魚図　11-12、「昭南島入城祝歌」－星港陥つ　世紀の大偉業成る　17-4
佐藤良　新東亜芸術の課題としての支那画の問題　24-6
佐波甫　日本画の旧性格を刷新せよ　28-5、光風会卅回展　53-10、中国の美術面　71-6
沢田晴広　木彫の飛躍　8-9
塩田力蔵　文展の回顧　6-5、明治画壇夜話　11-10、近世画壇放談　14-14
信楽紅人　北大路魯山人近作展　5-12
しがらき生　螺鈿考　23-13
式場隆三郎　ヴァン・ゴッホの生涯　55-6
四宮潤一　青龍展を評す　36-12、文展日本画から拾ふ　42-3、青龍社展　71-6、二科会展評　72-4
志麻太郎　「時の人」高村豊周　65-10
島田墨仙　塙保己一を描く　8-8、〔5回文展〕「山鹿素行先生」を語る　42-9
清水亀蔵　〔文展審査評〕工芸鑑査の結果　76-9

清水良雄　光風会卅年を回顧して　53-10
下田晴子　文展名作をよめる　8-7、七絃会をみて　10-12
下店静市　古名画に見たマレーの手長猿　15-12、聖衆来迎図に見たる日本的性格　21-5、東丘社の共同制作「大東亜戦争」を見る　27-10、曼荼羅講話　70-6
白井丈二　星港を前にして　15-16
白倉嘉入　〔文展審査評〕　6-12
鈴木進　新制作派展を評す　38-5、文展第二部（洋画）所感　41-2、院展評　73-2
鈴木秀三郎　近代漫画の父オノレ・ドオミエ－その芸術と晩年－　15-6
諏訪月鉄　一水会概観　4-8
静勝軒　院展歴史画と工芸　73-8
関野聖雲　〔5回文展〕寛選だが賞は厳選　41-10
添田達嶺　本阿弥光悦の尊皇（一）　2-13、本阿弥光悦の尊皇（二）　3-13、本阿弥光悦の尊皇（三）　4-14、本阿弥光悦の尊皇（四）　5-13

【た】

高崎正男　長谷川利行追悼　10-8
鷹巣豊治　陶工尾形乾山　27-7
高須芳次郎（文学博士）　臣民道と美術家　2-5、臨戦時下と画人　9-4
高村光太郎　彫刻家建畠大夢　64-2
高村豊周（東京美術学校長）　工芸家は従前通り配給　3-14、秀真翁の作品を押す　6-10、美術報国会に対する抱負（事務局長・第四部部長談）　63-7、「空襲必至！ 空爆より美術品を護れ！」－保護協力は期す（日本美術報国会事務局長）　74-7
田口省吾　二科むかし話－私の憶出　36-10
竹内逸　栖鳳回顧展に際して　61-9
竹内梅松　近世畸人画家－野人北斎と酒狂暁斎　40-14、畸人画家　曽我蕭白と長沢芦雪　44-13
田沢田軒　もの足りない文展　6-9、東光会第十回展を観て　23-3、新生社第一回日本画展　27-3、〔5回〕文展を観る　42-10、木村武山画伯を憶ふ　45-12、今年の美術界を顧みる　46-10、旺玄社展を観て　56-8、栖鳳回顧展を観て　61-8、決戦美術展を見て　73-8、第七回一水会短評　75-4
田島一夫　文展批評を衝く　8-12
田近憲三　戦争絵画偶感　5-6、古典的教養について　26-6、荒井龍男個展　38-4、ミケランヂエロの回顧　40-6、シヤルダン　60-2、美術の建設とルネッサンス時代　69-2、美術建設とルネッサンス時代（2）　70-2
建畠覚造　ミケランヂエロが与へるもの　4-6、父に就いて　64-4
建畠大夢　からたち（俳句13句／大夢句帖より）　64-3
田中一松　文展の日本画　6-2、文展日本画所感　42-1

田中貞　〔富岡鉄斎〕遺作所蔵者と語る　13-13
田中咄哉州　江戸趣味　68-10
田中万宗　国宝百済観音は日本作－法隆寺仏像の再検討－　16-15
田中良助（株式会社東京会取締役）　増税の反響－納税報国　54-12
田辺至　〔5回文展〕戦時の反映と影響　41-10、美術教育に就て　44-1
谷信一　根津美術館の創立　12-22
玉置照信　絵画の保存価値に就いて　33-17
田村孝之介　《印度の娘（B）》（絵）、「牛飼ひ少年」（文）　35-8
田村剛　室町時代名園の性格　33-6
鳥海青児　絵画に現はれたる庶民生活　5-6
辻永　故加藤静児君のこと　53-8、美術報国会に対する抱負（第二部部長・理事代表　談）　63-6、〔文展審査評〕第二部の出品制作を見て　76-8
鶴田吾郎　《落下傘兵》（絵）、「ジヤバより還りて」（文）　35-7、南方従軍行に際して　65-8、陸軍美術について　73-9、〔文展審査評〕時局はうつる　76-9
寺内萬治郎　《比島の日章旗》（絵）、「比島の日章旗」（文）　35-2
東台山人　作家協会展断感　75-6
堂本印象　竹内栖鳳の死－偉大なる芸術性　37-12
土橋醇一　アンコールの彫刻　18-5
富田温一郎　閑却されがちな水彩　44-5、白日会回顧－私の憶ひ出　51-9
富安風生　橙黄会について　9-13、国起ちぬ　20-13
豊田勝秋　工芸美術界時言　5-14
豊田豊　第二回聖戦美術展総観　1-12、院展日本画新人作－新優待制を主として－　3-8、大輪展と明朗展　4-11、巴会第五回展評　5-12、日本画特選・新人・新進　6-12、異色ある画家山下麻耶氏の作品　10-15、大東亜戦開始と日東美術展－第一回展評に代へる　11-13、京都画家聯盟献納画展　18-2、竹圃塾青莪会展　21-2、第四回日本画院展を観る　23-13、読画会第三十五回展　25-16、翠雲個展と翔鳥会展　29-14、第八回歴程展評　30-17、劇画院旗挙展を観る　34-15、青龍展新人作評　36-14、院展日本画新人の分野　37-9、珊々会第八回展　40-13、〔5回〕文展日本画－次の世代を担ふ人々　43-4、青々会第二回展　44-12、第四回乾坤社展評　45-12、七絃会展四作　48-10、三輪晃勢スケッチ展　48-10、全国日本画家献納画展　50-10、上野忠雅隈取十八番展　54-10、春の東都諸展観－課税後の状況打診－　57-7、児玉希望塾展と巴会　58-4、大日展検討　62-7、京都市展総観　65-12、京都の青莪会展　66-7、珊々会九回展　66-13、大輪画院と清籟社の小品展　67-6、光専寺の聖戦遺蹟襖絵－福田眉仙氏の近業を観る　70-12、院展日本画の少壮と新人　73-10、乾坤社第五回展評　74-10、大輪画院と劇画院展　75-8、文展日本画の入選と特選　76-4
鳥居帆雨　戦捷譜　15-14

【な】

永尾春甫　竹工と浮書彫　35-2
長岡恒喜　鐔の鑑賞に就て　22-25
中川一政　〔文展審査評〕静物画の変遷　76-8
中川紀元　二科むかし話－当初の思出　36-10、田口省吾君を悼む　72-10
中島今朝吾（陸軍中将）　皇道精神と美術－忠愛美術院について－　33-14、皇道美術と白衣勇士の作品　35-2
中嶋豊治　〔5回文展〕工芸所感　43-14
中西悟堂　風土的角度から観た日本風景美　31-8、武州高尾山の仏法僧　67-8
中西利雄　水絵断想　17-12
中野和高　第三回創元会展　66-11
中野仙香　時の人　横山大観　62-6
永見徳太郎　南蛮屏風追想言　26-9、長崎の沈南蘋派　50-5、長崎の沈南蘋派　52-8、長崎の絵画　58-5、黄檗僧と北宗画　65-6
中村岳陵　〔5回文展〕兵隊ものの優秀　42-8
中村研一　海　1-5、文展所感－鑑査の後で　7-6
中村善策　山国の写生地　67-4、
中村直人　〔5回文展〕特選作家を語る－長沼孝三君　43-11
鍋井克之　〔5回文展〕批評でない批評　41-10
成田重郎　美術随想　3-5、作品と内容　7-11、日曜日の画家－税官吏であつたアンリ・ルウソオ　12-20、大彫刻家の随想　22-14、人間としてのセザンヌ　27-12、ドガと近代生活　39-5、戦争とピカソ芸術　45-7、花の画家オディロン・ルドン　52-4、ゴッホ芸術の展開　55-4、ロダンとその名作　59-2、人間及び芸術家としてのシャヴァンヌ　66-2、近代絵画に於ける異国趣味　68-4、ヴェネツィア派とティチアノ（一）　74-2、ヴェネツィア派とティチアノ（二）　75-10
難波田龍起　美術創作家協会第六回展を前に　20-10
西沢笛畝　〔富岡鉄斎〕先生の遺徳　13-13、一筆春興－色紙と短冊の描き方　48-6
西田武雄　エッチングの描き方　70-9
西田正秋　「一人一想」怒髪の表現　65-10
西村真次（文学博士）　芸術を昂揚する動力　8-4
西山翠嶂　栖鳳先生の追憶　37-12
新田藤太郎　熱意の人・古賀忠雄　58-9
丹羽吾朗　アジャンターの壁画に就て　34-6
野尻抱影　画に見た三日月　4-4
野田九浦　〔文展審査評〕　6-12、〔5回文展〕胡粉散らしの減退　42-8、美術報国会に対する抱負（第一部部長・談）　63-6、〔文展審査評〕気魄を持て　76-8

野間仁根　《広東の回想》（絵）、「広東攻略戦に参加して」（文）　35-6、二科の今後（談）　72-8

能村潔　ハワイ空爆（短歌6首）　21-12

【は】

秦一郎（内閣情報官）　新文化の黎明　1-7、図南の志（詩）　19-5、共同制作の意義と画家の行動性　27-10

畠山錦成　人物を描く　71-10

旗野美留目　〔5回文展〕師・弟子・記者問答－招待日のある時間－　42-8

幡谷正義　クルベーと写実主義　57-4、現代文化を見棄てたポール・ゴオガン　62-2、新制作派展を見る　75-2、文展第二部を評す　76-5

服部正一郎　「二科を語る」－新評議員身辺小感　72-9

花岡萬舟　美術家も盡忠の士たれ－世紀の大転換に処する美術－　35-3

林翠　文展と指導性　10-13、〔5回〕文展工芸評－漆器作家の復古的傾向　42-13

東山魁夷　シンガポール回想　16-4、我が好む風景－《葡萄の下》　31-5

久松潜一　「をかしみ」と「あはれ」－芭蕉の俳諧一断面－　15-8

飛田周山　鮮展を観て思ふ　65-12

広瀬熹六　青龍展管見　2-12、古画が教ふるもの　19-11

風来坊　文展柳樽　6-17

福井利吉郎　尾形乾山の人と芸術　27-5

福島繁太郎　文展第二部を観る　41-6

藤井浩祐　入選と落選の境　41-10

藤懸静也　歌麿の芸術　45-2

藤島武二　沈黙　56-9

藤田嗣治　仏蘭西現代画壇を知らぬ仏印－日本の力で見せてくれ－　14-9、「空襲必至！　空爆より美術品を護れ！」－新に国宝を造ろう　74-6

藤森順三　院展を観る　73-5

藤森成吉　露艦入峡と宇喜多一恵　14-10

古川北華　南画私観－文人画の本質について－　10-8、支那歴代絵画展を観る　12-22、浦上玉堂　23-5

古沢岩美　ドラクロアの芸術　48-2、ルーベンスの芸術と生涯　51-2、ヴェラスケス　63-2

ペーター，ウオタア　文芸復興とレオナルド・ダ・ヴインチ　32-12、ミケランゼロの表現　40-10、サンドロ・ボツテイチエルリ　47-8

某　第四部文展審査員はどうなる（談）　72-13

細木原青起　漫画は呼びかける（一）　3-11、漫画は呼びかける（二）　4-11

本郷新　文展所感－彫刻の特選　7-7、飽く迄造形に味到せん　38-10、二六〇三年の彫刻界に望む　48-9、彫刻の感覚と技術　69-8

本庄繁（軍事保護院総裁陸軍大将男爵）　傷痍軍人と情操教育　35-1

本田弘人（文部省学芸課長）　第四回文展開催に際して　6-1

【ま】

前田青邨　〔文展審査評〕日本画出品所感　76-8
牧野虎雄　新居風景　16-5
正宗得三郎　大浜時代の鉄斎翁　13-12、二科三十年の回顧（談）　72-8
磨寿意善郎　ボッティチェルリ点描　47-2、ヂォットオの生涯と作品　65-2
益田義信　ピエール・ボナール　25-10
松永健哉　宣伝美術としての紙芝居　18-15
松林桂月　島田墨仙氏に就て　58-8
松本弘三　「二科を語る」－二科の傾向　72-9
丸尾彰三郎（文部省国宝鑑査官）「空襲必至！　空爆より美術品を護れ！」－護る意志が第一　74-9
三雲祥之助　古典美の一考察　10-10
水沢澄夫　鉄斎翁とその時代　13-8、玉堂覚書　23-10
溝口禎次郎　栖鳳氏の芸　37-13、〔5回文展〕狙ひは古美術と新美術との連関－洋画・彫刻・工芸にも及ぼす　帝室博物館溝口美術課長（談）　42-14
三田伊平　軍機献納日本画家報国会展　20-15
三石巌　レオナルド・ダ・ヴィンチを繞つて　38-14
南薫造　藤島先生を悼む　56-8
宮田重雄　〔5回文展〕若い逞しいものがほしい－杉本健吉と大川武士の作品　41-10、〔5回文展〕特選作家を語る－杉本健吉君　43-10
三輪孝　大陸行第一信（南京にて）　2-15、南京点描－秦淮の画舫　5-12
三輪鄰　画家の描く戦時生活集　34-14
ムウテル，リヒアルト　ドガと日本版画　39-9
ムウレ，ギヤブリエル　ギユスターヴ・モロー　49-4
武者小路実篤　東洋芸術の特色に就いて　4-4
村岡花子　美しきもの　8-12
村上脩（日本印度支那協会）　仏印へ行く日本の油絵－仏印絵画展覧会開催について－　5-8
村川弥五郎　美術新協展　4-10、甲斐巳八郎個展　6-17、文展洋画部一巡－各室作品の紹介－　7-5、大潮会六回展　9-15
村田良策　文展（第二部）洋画を観る　7-3
村松梢風　御陵修復と富岡鉄斎　13-10
モオクレール，カミーユ　クロード・モネと印象主義　30-11
本山荻舟　呑山楼紀聞　66-8、呑山楼紀聞（中）　67-10、呑山楼紀聞（下の一）　68-12、呑山楼紀聞（下の二・完）　71-11
百田宗治　長谷川利行展　28-4

森白甫　南蛮黍と菖蒲　8-9

森田亀之助　文展の工芸　6-10、独逸絵画の本質と其の古典　20-5、全日本工芸展の作品　28-8、レオナルド・ダ・ヴィンチとその芸術　32-5、〔5回〕文展第四部瞥見　43-6、死都ポンペイー新発掘の回顧　46-2、漆絵の問題－松岡太和氏の漆絵－　49-10、ラファエル・サンチ　56-2、バロック芸術に就いて　68-6

【や】

矢沢弦月　《メナド附近の村落》（絵）、「メナド附近の村落」（文）　35-5

矢代幸雄　レオナルド・ダ・ヴィンチと余の興味　32-8

安井曾太郎　〔5回文展〕特選作家を語る－高田誠君　43-10

安田豊　北の海幸　67-5

柳亮　文展所感－洋画以外で　7-7、未来文化の創造者レオナルド－レオナルドへの回顧－　32-10、ボチチエルリと反教思想　47-6、構図の復活　71-2

矢野文夫　光風会と太平洋画会の新人　18-17、独立展と旺玄社　19-17、上杜会評　20-3、日本画壇最近の新人－青衿会の巻　21-14、職場の美術－石川島造船所自彊会絵画展－　27-18

矢部友衛　最近アメリカ画壇漫談　10-7、近代絵画の再検討－明日の絵画への途　23-12

山尾薫明　バリ島の美術遺跡と風物　18-10

山岸外史　第九回朔日会展を観る　62-7

山口蓬春　《スタンレー砲台》（絵）、「スタンレー砲台」（文）　35-3

山崎覚太郎　工芸の分立を排す　28-6、吉田源十郎氏と其の芸術　58-9

山下新太郎　モネの制作に就いて　30-8

山根八春　建畠大夢－林町の思ひ出　65-8

山本鼎　ロシアの農民美術　3-12

山本蘭村　童画の使命　74-10

結城素明　現代美術館の建設に就ての所感－問題は建設場所　9-8

横山大観　岡倉天心先生を偲ぶ－天心三十周年に際して（談）　30-14、栖鳳氏を偲ぶ　37-13、烈々、美報創立総会に於ける横山会長の挨拶　62-9

吉岡堅二　〔文展審査評〕　6-12

吉副禎三　京都画家の時局色　10-14、京都市展評　26-4

吉田五十八　現代と茶室建築　33-10

吉田源十郎　〔5回文展〕本年の出品漆　43-14

吉田三郎　白日会回顧－変遷二十年　51-9

吉村芳松　文展寸談　76-9

【ら】

懶青楓　一人一想　読書感　62-5
六角紫水　漆（承前）　4-12

【わ】

脇田和　子供の生活を　38-11
渡部菊二　水彩維新　44-4
渡辺素舟　文展工芸を評す　6-14、赤塚自得遺作品展　24-17、南方の生活工芸の再認識と使命　25-6、漆と陶彫－辻工房二回展・日本漆芸院六回展・日本陶磁彫刻二回展　28-17、工芸の面より（山本安曇、吉田源十郎）　34-11、〔5回〕文展工芸部評　42-10、日本工芸の特質　69- 6

【アルファベット】

K　光風会と太平洋画会　16-1、寺田政明個展　38-4、大輪画院展　38-16
M　忠愛美術院展を観て　33-14
M・R・K　アフリカと黒人芸術　50-8
O生　工芸資材の問題　72-6
S生　童画研究発表展　74-11
S・S・M　ゴッホ拾ひ書き（名前の読み方その他）　55-10
Y・T生　院展絵画部の新同人－新井勝利と北沢映月－　3-9

【無署名巻頭時評】

美術団体の統制　1-2、美術と大衆　2-1、美術家の臨戦態勢　3-1、仏印巡回日本画展につき作家の反省を求める　3-10、課題制作の新提案　5-1、第四回文展開く　6-1、制作心の萎微を戒む　7- 1、美術の需給　8-1、近代美術館建設決る　9-1、美術伝統の尊重　10-1、大東亜戦争だ！　蹶起せよ全美術人（巻頭言）　11-1、大東亜戦争と美術人の使命（社説）　11-2、昭和十六年を送る　11-3、決戦時下迎春の辞（巻頭言）　12- 1、新しき芸術施設を望む　13-5、金を考へに入れるな　14-5、精神慰安と美術　15-17、画壇の愛国態勢と文化工作　16-17、戦勝に伴ふ文化進出　17-18、美術の日本的性格　21-1、彫刻の近代的意義　22-1、浦上玉堂の芸術　23-1、美術界の一元化傾向　24-1、美術評壇の振興を望む（時評）　24-5、色彩感覚と教養　25-1、文展開催の決定　26- 1、無署名協力作品〔東丘社共作〕　27-1、雄渾果断の意図　28-1、天心の偉業を思ふ　29-1、日本人と印象派　30-1、資材配給の問題　31-1、閑寂の芸術　33-1、戦争の跫音　34-1、軍人援護事業への協力－本誌改題創刊一周年の記念－　35- 表紙裏、院展ひらく／栖鳳翁の死　37-1、新制作派展と一水会展　38-1、満洲国政府への献画　39-1、

長期戦と美術　40-1、第五回文展ひらく　41-1、人格と美術　42-1、次の世代　43-1、廻り来る十二月八日　44-1、美術家の献画報国　45-1、大東亜戦争展　46-1、大御心に応へ奉らん（社説）46-1、記録画の問題　48-1、美術雑誌の用紙節約　49-1、院賞及び会員の銓衡　50-1、芸術院会員の奮起　51-1、明治美術の回顧　52-1、美術報国会生れるか　53-1、調子の高さ低さ　54-1、策動を封ぜよ　55-1、藤島画伯を悼む　56-1、春の美術季節始る　57-1、美術報国会結成準備成る　58-1、美術報国会の事務局　59-1、山本元帥につゞけ（巻頭詩）62-1、美報「山本魂」の宣揚（一旬の展望）62-1、一旬の展望（アツツの忠魂に応へん／報国会と「文展」の問題）63-1、一旬の展望（高村「美報」事務局長／陸軍の大東亜戦記録画制作／中村不折の訃）64-1、一旬の展望（問題の芸術院会議と文展／皇太子殿下御誕生記念日本近代美術館の敷地御貸下げ）65-1、一旬の展望（文展の新規定発表／団体公認と非公認の問題）66-1、一旬の展望（決戦態勢と美術／島田墨仙翁を悼む）67-1、一旬の展望（文展をめぐるいざこざ／美術界の午睡季）68-1、一旬の展望（文展無鑑査と招待制）69-1、一旬の展望（山口・安井両画伯の光栄／美術の文化使節泰国へ／画壇挺身隊蘭貢に集結）70-1、一旬の展望（空爆と美術品／美術季開幕す／親善の楔！日華漫画展）71-1、一旬の展望（美術団体の問題）72-1、一旬の展望（興国美術に進めよ－世紀の宿命伊太利を想ふ）73-1、一旬の展望（美術雑誌の問題）74-1、一旬の展望（構想絵画の問題）75-1

団体名目録

【あ】

愛知県日本画文化協会　38-18
朝倉彫塑塾　2-2　3-1　4-グラフ　39-3
亞艸社　23-18
池上秀畝画塾　13-2　13-6
維新画会　34-18　37-3　53-12　60-グラフ
以心社　7-16　8-グラフ
一玄会　52-12　55-10
一果会　76-14
一采社　29-17　31-15　59-10　63-10　63-11
一至会　5-3
一水会　2-2　4-グラフ　4-3　4-8　5-グラフ　23-17　25-2　33-19　38-グラフ　38-1　38-8　38-10　38-13　38-15　39-17　59-10　62-6　63-8　63-11　65-14　72-13　74-14　75-グラフ　75-4　75-6
院展　1-2　1-4　2-グラフ　2-2　2-4　2-11　3-グラフ　3-8　3-9　13-7　17-19　35-8　37-グラフ　37-1　37-5　37-8　37-9　37-10　37-16　67-14　72-12　73-グラフ　73-2　73-5　73-6　73-8　73-10　73-13
瀛光会　29-17　31-2
烟雲会　36-17
園丘会　18-3　18-18
旺玄社　4-2　5-グラフ　8-3　8-14　13-7　17-19　18-グラフ　18-1　19-17　19-19　37-17　47-16　49-12　50-グラフ　54-グラフ　54-11　56-グラフ　56-8　56-11
大阪彫刻家聯盟　2-1
大阪日本画家報国会　12-1　18-19
大阪女人社　27-18
大阪府工芸協会　33-18

【か】

塊人社　18-19　20-3　56-12
加越美術協会　9-グラフ
革丙会　9-1
芽生会　31-18　34-15
画壇会　65-14

画壇挺身隊　70-1

加藤版画研究所　45-15

カトリツク美術協会　7-16

華畝会　29-15　66-12

火曜会　29-16　33-14　64-9

川崎美術協会　6-20

関西美術懇話会　4-1

紀元　70-14

きつつき会　33-2　33-16

岐阜県画人協会　16-18　66-12

鬼面社　17-19　19-4　44-16　46-13

九元社　27-17　31-グラフ　31-17　33-19　62-10　65-14　68-グラフ　68-15

九室会　4-グラフ　65-グラフ

穹隆会　22-30　43-グラフ

夾協会　41-18　44-8

京光会　42-15　44-8

京都絵画専門学校研究科　10-グラフ

京都画家聯盟　18-2　25-18

京都日本画家聯盟　18-19　59-9

京都府芸術作家組合　33-19

京都洋画家聯盟　55-11

京都林泉協会　35-8　38-18　70-13

京人形報国会　59-9

玉堂塾　55-1

桐生美術報国会　67-13

銀潮会　12-1　13-5

銀鵬社　31-18　42-15　60-9

熊岡絵画道場　32-20

くろも会　35-8

黒門会　7-グラフ　8-グラフ　8-14

群馬美術協会　25-19　63-14　67-12　67-13

乾坤社　2-2　3-3　4-グラフ　4-1　4-2　4-10　7-18　36-17　37-16　40-18　45-グラフ
　　　45-12　66-13　71-グラフ　74-10

現代水彩画会　27-20

現代彫塑普及会　33-16

現代美術協会　23-18　28-14　31-1　31-2　60-10　65-グラフ

興亜造型文化聯盟　43-15　51-1　51-10　69-12

皇芸会　36-15

工芸作家協会　2-16
工芸燦匠会　63-9
工芸作家協議会　1-3
工芸済々会　8-3　42-15
工芸美術作家協会　23-16　46-14　51-10　73-11
皇国芸術聯盟　25-18　38-19
興国美術院　71-13
宏心会　8-グラフ　14-20　40-19
庚辰会　26-17　27-2　67-7
耕人社　54-11
構造社　29-15　31-グラフ　55-12　66-9
皋陶会　21-18　61-12　64-9
公土会　33-18
煌土社　58-10　62-グラフ　62-5　62-6
光風会　15-19　16-グラフ　16-1　16-18　18-17　50-11　53-グラフ　53-10　53-11
国画院　61-1
国画会　19-19　21-グラフ　21-13　31-18　33-18　60-グラフ　60-7
国学院大学絵画部　31-4
国画工芸協会　9-1
国彩会　24-20
国土会　55-11
国風会　38-3
国風彫塑会　1-2　2-グラフ　2-4　34-18　37-17　52-12　67-14　72-13
国洋美術　15-19　54-グラフ
五采会　7-16　32-20　34-2　37-4
児玉希望画塾　26-19　28-グラフ　28-1　28-3　56-12　58-グラフ　58-4
五明会　27-2
互陽会　39-18　65-14

【さ】

彩交会　51-11　54-グラフ
彩犀会　8-3
綵尚会　26-18　30-3　60-10
彩女舎　73-12
堺芸術報国聯盟　9-2
朔日会　38-19　40-3　57-10　59-8　62-グラフ　62-7　75-14
五月会　25-18　50-11　59-9

皐月会　27-17
早苗会　51-12　67-13
三果会　21-18　23-グラフ　24-2
珊々会　40-グラフ　40-13　66-グラフ　66-13
三三美術団　36-16　37-16　39-グラフ　39-4　64-10　73-12
三春会　22-1　22-3
燦扇会　9-3
三塔会　9-グラフ
三都表装研究会　7-18　8-16
山南会　1-グラフ　1-1　1-12　10-2　26-17　29-グラフ　38-17
燦木社　67-グラフ
四行会　29-4
時事彫刻研究会　64-10
七絃会　10-グラフ　10-12　47-グラフ　48-10
七三会　16-18
七星　28-15
七鳳会　16-19　18-4　51-11　53-グラフ　54-グラフ
七耀会　67-14
信濃美術協会　39-17　72-グラフ
赤光社　27-18
自由画壇　30-16
秋香会　10-2　37-17　40-4
十宜会　45-グラフ　45-13
集団「陸」　63-14　67-グラフ
朱玄会　13-7　15-グラフ　15-2　15-17
守真会　26-3
朱兆会　42-14　48-グラフ
朱葉会　20-19　22-27　64-10　69-15　74-12
春台美術協会　2-2　2-14　12-3　13-7　14-グラフ　14-2　15-18　36-17　39-グラフ　39-3
　　44-16　49-12　51-10　52-グラフ　52-7
春墨会　22-4
春陽会　8-グラフ　9-14　20-19　22-グラフ　22-17　22-28　23-グラフ　23-1　26-17
　　38-19　39-18　44-グラフ　44-8　57-9　58-グラフ　58-2　58-10
春耀会　15-19
昭華会　49-グラフ　66-12
尚絅会　45-15　53-グラフ　68-グラフ　75-9
松子社　30-17　33-1　34-3　61-12　63-グラフ
翔鳥会　25-19　29-14　59-10

尚美会　7-16　42-15　45-グラフ

尚美術　48-10

新油絵協会　71-13　73-14

新院展　21-17　22-27

新篁会　16-18

新興岐阜美術院　7-18　9-1　10-グラフ　21-17　26-18　29-15　41-18　70-14

新構造社　8-3　9-2　10-グラフ　10-1　24-20　34-18　43-15　45-グラフ　45-10　45-14

新興美術院　1-3　22-グラフ　58-10　59-9　61-1

新興美術協会　9-3

新興美術研究会　1-3

新古典美術協会　22-30　24-20　25-3　63-11

新自然派協会　39-2

新樹社　45-16

晨人会　65-14

新人画会　61-グラフ

新水彩協会　5-1　37-15

新世紀　9-3　11-14　42-15　46-13

新制作派協会　2-2　3-グラフ　4-グラフ　4-2　4-9　5-グラフ　5-3　24-19　27-グラフ　27-1　38-表紙裏　38-グラフ　38-1　38-5　38-6　38-7　38-8　38-9　38-10　38-11　38-12　67-13　73-14　74-14　75-グラフ　75-2　75-6

新生社　22-30　26-グラフ　26-2　27-3

真制美術会　7-16　9-グラフ　10-3

新生美術協会　71-13

晨潮会　13-6

新潮会　37-17

晨鳥社　14-6　29-2　34-14　51-10

新東亜美術協会　60-10　62-10　68-グラフ　68-10

新燈社　7-16　9-1　10-15　11-グラフ　11-3　22-30　43-15　48-12　49-グラフ　59-グラフ

新日本美術聯盟　10-3

新版画会　14-5

新美術家協会　16-19　17-グラフ　17-1　49-12　51-グラフ

新美術人協会　36-17　39-2　61-12　63-14　66-グラフ　66-11

新壁画協会　14-6　15-3

新緑会　57-10

新浪漫派協会　2-グラフ　2-14　29-17　33-3

水彩時代　7-16　8-グラフ　10-15　63-10

水彩聯盟　9-3　11-グラフ　11-4　76-16

素顔社　14-4　16-3　54-11　58-8
杉の芽会　27-4
青我会　21-2　21-3　64-グラフ　66-7
青芽会　43-16
精華美術院　1-4
世紀美術創作協会　2-2　7-17　8-3　9-3　11-グラフ　11-4
青丘会　22-1　22-2　63-グラフ　63-9
青衿会　8-3　14-7　15-グラフ　15-1　17-19　21-14　58-グラフ　58-3
清溪会　30-3
精芸社　19-4　23-17　27-4　57-10
青壺会　64-10　67-12
青勾会　27-20
清光会　31-グラフ　31-15
青甲社　17-18　34-17　54-1　68-5
青筥会　51-11
生産美術協会　40-19　44-15　51-10　52-12
整址会　7-16　9-14
青々会　9-グラフ　9-2　9-14
清々会　27-17　31-15
菁々会　11-14　43-16　44-グラフ　44-12
生動　70-14
正統木彫家協会　21-17　24-19　27-4　28-グラフ　28-16　55-12　57-10　62-グラフ　62-4
青年美術家集団　16-18　17-3　41-18　43-12　58-10　59-10　70-14　72-グラフ
青陽　33-4
清籟社　7-18　9-グラフ　27-20　34-1　37-15　67-6
青鸞社　26-3　26-4　58-10　62-グラフ　63-10
清流会　26-19　30-3
青龍社　1-グラフ　1-1　1-2　2-グラフ　2-12　3-グラフ　19-19　21-1　21-16　34-17　35-8　35-9　36-グラフ　36-12　36-13　36-14　37-16　54-11　57-グラフ　57-8　66-12　70-13　71-グラフ　71-6　71-8　71-13
斥土会　7-18　8-14
世田谷美術奉公団　12-1
全群馬洋画家聯盟　34-18　35-10　37-4
涼晨会　8-2　11-グラフ
閃人社　28-14　31-4　61-12
千艸会　74-11
全日本画家報国会　50-1

全日本染織図案聯盟　28-15
全日本彫塑家聯盟　50-1　55-11　56-11　66-12
造営彫塑人会　33-16　54-11
爽協会　10-2　45-グラフ
造型新現実　73-14
創元会　9-3　11-グラフ　21-18　22-28　34-18　37-グラフ　37-11　38-17　44-8　55-12　56-12　66-グラフ　66-11
創成会　5-3　38-19
蒼青社　26-19
涼々会　3-15　15-18
創造美術協会　11-14　14-6　62-10　66-グラフ
双台社　6-グラフ　6-20　18-18　20-19　23-グラフ　23-3　32-20　59-10　63-グラフ　63-5　63-6
草友会　15-4

【た】

第一美術協会　24-1　25-2　55-12　61-グラフ　61-11　63-13
大潮会　2-2　9-グラフ　9-3　9-15　10-グラフ　10-2　10-3　43-15　44-グラフ　44-11　44-12　67-14
大東亜美術協会　34-17　37-グラフ　37-14
大東南宗院　1-3　2-グラフ　4-1　7-17　8-2　21-18　23-2　33-19　54-11　60-グラフ　60-8
大日美術院　22-28　29-15　30-グラフ　30-16　59-10　62-グラフ　62-7　63-13
大日本海洋美術協会　60-9　63-グラフ
大日本工芸会　49-12　51-10　55-1　59-9
大日本赤誠日本画家奉公会　63-13
太平洋画会　12-3　16-グラフ　16-1　16-3　16-19　18-17　50-11　52-12　53-12　55-グラフ　55-11　57-9　62-5
大邦画会　63-13
大輪画院　2-2　3-2　4-グラフ　4-11　12-1　16-19　20-19　22-2　33-19　38-2　38-16　38-18　66-グラフ　67-6　72-13　73-12　73-13　74-グラフ　75-8
瀧野川美術家協会　11-3　22-29
丹蛙会　31-15
丹光会　11-4
丹辰社　61-12
団欒社　49-12　52-12　54-11
筑前美術会　21-18　23-4

竹台会　2-1
竹頭会　48-グラフ
竹立会　11-3　26-19
地上　67-グラフ　67-12
忠愛美術院　1-3　2-グラフ　9-グラフ　9-3　25-19　31-18　33-グラフ　33-4　33-14
　　34-17　35-グラフ　55-11　58-10　59-グラフ　59-8
調花草画会　25-18
朝陽社　45-グラフ
長流画塾　52-1　56-グラフ
直土会　23-17　24-19　26-グラフ　27-19　68-15
帝国芸術院　3-14　27-17　52-1
帝国美術彫塑普及会　31-18　33-18
橙黄会　9-3　9-13　11-グラフ　46-15　50-グラフ
同雅会　70-14
東丘社　18-18　26-18　27-グラフ　27-1　27-10　67-グラフ　67-13
東京会　42-15　45-グラフ　45-14　54-12　63-グラフ　64-10
東京鋳金会　8-2
東京日本画材料商組合　14-20
東京美術家常会　1-グラフ　10-1
東京表装工業組合協議会　2-16
東京府工芸協会　5-14　34-3
東京みづゑ会　4-2　36-17
東京木版画工業協会　33-18
東光会　13-7　20-グラフ　20-18　21-グラフ　23-3　51-11　54-11　57-グラフ　57-6
　　57-9
東邦画研究会　26-18　44-16　46-13　49-グラフ　64-10　67-グラフ
東邦彫塑院　15-17
東宝舞台美術家集団　16-18
東北邦画家聯盟　2-1
東陽会　7-18　25-4
桃李会　62-10
童林社　27-20　30-2
塔和会　64-10　67-グラフ　67-12
斗牛会　7-17
読画会　1-3　3-グラフ　3-2　23-18　25-1　25-16　61-12　64-グラフ　64-8
独立美術協会　3-3　8-14　17-19　18-グラフ　18-16　19-グラフ　19-17　19-18　20-1
　　20-14　21-グラフ　21-4　32-20　52-12　54-グラフ　54-10　54-11　55-11　58-10
栃木県工芸美術作家協会　36-15

栃木県美術協会　9-3
巴会　3-3　4-2　5-グラフ　5-12　19-19　21-13　22-3　54-11　58-グラフ　58-4
富山県勤皇烈士顕彰彫塑会　56-11

【な】

中村大三郎画塾　49-12
奈良県美術協会　57-9　60-9
奈良美術院　43-16　45-14
南潮社　4-1
南蛮堂　11-5　45-15
新潟油彩画家協会　5-1　44-15
二科会　1-グラフ　1-2　2-グラフ　2-1　2-3　2-4　2-10　3-グラフ　3-7　9-2　22-30
　　　24-2　30-17　34-17　35-8　36-グラフ　36-5　36-6　36-7　36-8　36-9　36-10
　　　36-15　48-12　64-9　65-13　72-グラフ　72-2　72-4　72-7　72-8　72-9
二六〇〇年会　1-グラフ　30-2
日東美術院　2-2　8-3　9-2　10-グラフ　10-2　11-13　45-14　46-グラフ　46-14　59-9
日本油絵会　4-1　27-17　30-2
日本漆画家聯盟　20-18
日本画院　16-19　20-19　22-29　23-グラフ　23-13　55-12　57-9　58-グラフ　58-3
日本画家報国会　20-2　20-15　20-17　21-グラフ
日本劇画院　30-16　34-1　34-15　70-13　73-14　75-グラフ　75-8
日本作家協会　63-14　67-14　73-14　74-14　75-グラフ　75-6　75-7
日本山岳画協会　67-12
日本刺繍院　45-15
日本漆芸院　28-17　72-12
日本女子美術院　24-19　33-16　60-10
日本水彩画協会　23-18　25-グラフ　27-17　53-12　57-10　58-10　59-グラフ　59-6　65-グラフ
日本彫金会　9-3　11-4　45-15
日本彫刻家協会　65-14
日本南宗画会　24-19
日本人形美術院　7-17　9-グラフ　9-14　29-16　41-18　45-グラフ　46-13
日本版画協会　2-2　9-1　10-2　26-18
日本版画奉公会　60-9　65-14
日本美術院　3-1　16-1　34-18　61-1
日本美術協会　6-20　30-16　39-18　40-2　40-19　44-8　63-13　70-13
日本風景画院　68-16

日本文化美術家協会　28-14
日本漫画奉公会　60-1　70-14
日本水絵協会　12-2
日本木彫会　30-17　33-3　34-グラフ
日本輸出工芸聯合会　39-17
人形芸術院　2-14

【は】

海拉爾美術協会　8-1
白鷗会　24-4
白宏会　16-18　17-グラフ
珀光会　35-9　37-3
白日会　13-7　14-グラフ　14-1　15-19　16-17　44-16　49-12　51-グラフ　51-8　51-9　51-10
柏舟社　3-1　5-グラフ　41-18
白茜会　10-2
白閃社　24-18　25-19　29-1　29-15　33-19
白鳳会　16-18　62-10　67-グラフ　67-12
白燿社　29-15
八炫社　6-20　33-19
撥草会　13-7　15-グラフ　15-3
汎工芸　46-14
汎美術協会　21-18　24-19　28-2　60-10
美交会　39-17
美術新協　2-2　4-グラフ　4-3　4-10　36-16　40-1　40-3　51-12
美術赤誠報国会　58-1
美術創作家協会　20-10　20-19　22-2　22-29　40-19　46-14　55-12　56-11　57-グラフ　57-6　57-9
美術文化協会　12-グラフ　21-18　25-18　28-2　29-17　35-10　58-10　61-12　63-13　64-グラフ　64-8
美萠会　8-グラフ　40-19　43-13　46-13
美友会　11-4　29-16
兵庫県東部画家隣組　56-11
兵庫県美術院　11-3
広島美術人協会　9-3　69-13
風土会　9-1　21-17　24-3　43-16　46-13　58-10　61-11
福井県工芸美術作家協会　23-17

福陽美術会　23-18　25-19　29-2　57-9　59-9　60-10　62-グラフ
不二会　15-4　15-18
扶桑会　43-16　44-16　45-グラフ　45-10　45-14　63-11　68-16　72-13
仏教美術協会　73-13
復古大和絵派　44-15　46-14
文化奉公会　1-グラフ　1-3　4-グラフ　4-1　5-12　8-6　12-8
壁画会　29-3
邦画一如会　20-19　22-4
萠友会　2-2
墨画研究所　8-3
堀柳女人形塾　44-16　45-15　49-グラフ
犇土会　74-12　75-グラフ

【ま】

茉莉会　59-10
満洲美術家協会　1-グラフ　3-1　9-1
御盾会　29-17　31-4　59-10　61-11　62-グラフ
実生美術家集団　64-10　67-12
無求会　17-19　19-2
無所属日本画家聯合　66-12　67-13
明紘会　26-17　30-3
明朗美術聯盟　2-2　2-4　3-グラフ　4-グラフ　4-11　35-9　37-17　38-1　38-3　51-12　58-10　60-9　73-14
模様聯盟　30-16

【や】

安田画塾　29-16
山口県工芸協会　13-5
大和会　45-14
山梨美術協会　36-17
有人会　61-12
輸出図案作家協会　25-19
横浜美術協会　9-2

【ら・わ・アルファベット】

陸軍美術協会　50-11　51-11　53-1　55-グラフ　55-8　69-15　73-9
六合会　10-3
六萌会　29-4　64-グラフ
立型会　3-グラフ　3-3　3-7　5-グラフ
緑巷会　8-3　10-2　10-15　16-19　18-4　19-18　37-17　53-11　56-グラフ　68-16
嶺南美術家協会　1-3
歴程　30-17　51-12　73-14
連袖会　56-グラフ
朗峰画塾　7-16
六甲社　42-15　44-8
炉辺工房　6-20
和風会　9-グラフ　9-3　10-グラフ　10-1　11-14　29-17　43-15　44-16　46-13
ＪＡＮ　31-18　33-3

掲載写真目録

【あ】

朝香宮鳩彦王　富岡鉄斎展（1942年1月26日、東京府美術館）　15-17
朝倉塾　「朝倉塾」　4-グラフ
池上秀畝塾　「池上塾の慰問画揮毫」（1942年1月7日）　13-2
池長美術館　「池長美術館陳列室」　26-5
石井柏亭　「画室に於ける石井柏亭氏」　24-グラフ
　　　　　「戦跡写生の画伯」　24-グラフ
泉川白水　「泉川白水氏新南画展　高島屋八階サロンにて」　3-グラフ
伊東深水　6-12
猪木卓爾
　「読画会内示会」〔右端：猪木卓爾〕　3-グラフ
　座談会「大東亜戦争と美術を語る　文化奉公会々員」（美術新報社長猪木卓爾）　12-8
上田俊次（情報局第五部第三課長、陸軍中佐）　1-グラフ
内田巖　29-10
江崎孝坪　6-11
旺玄社　「旺玄社展（新宿三越にて）」　5-グラフ
　　　　「三月四日夜上野府美術館に於ける旺玄社懇親会」　18-18
岡鹿之助　29-10
岡倉天心　「妙高山荘（天心先生終焉の間）」　30-14
岡田三郎助　「上野公園東京美術学校庭に建設された故岡田三郎助氏記念像除幕式の光景」　24-18

【か】

画壇会・互陽会合流油絵展　「展観中の銀座書店ギャラリー」　65-14
狩野晃行　「狩野晃行氏とその展覧会場（白木屋）」　28-14
川合玉堂　「玉堂画伯の力で水道が引かれた」　3-グラフ
川島理一郎　「アトリエに於ける川島理一郎氏」　2-グラフ
川端龍子　「憩ひのひと時-ある朝の川端龍子氏」　1-グラフ
　　　　　「アンコール・ワツト石彫を前にしての川端龍子氏」　31-14
北大路魯山人　5-グラフ
橘田永芳　6-11
鬼原素俊　中支戦線に向けて出発（1941年9月5日、東京駅）　5-グラフ
京都絵画専門学校　「京都絵画専門学校研究科作品」　10-グラフ

楠部弥一　2-グラフ
グラフ構成　「切子硝子はどうして造る」　1-グラフ
黒門会　「黒門会」（11月4日－8日　日動画廊にて、写真は右より有島生馬、長谷川仁、小山敬三、
　　海老原喜之助、高野三三男、清野久美の諸氏）　7-グラフ
群馬美術協会
　　「銀座三越に於ける第三回群馬美術協会展に出品した同協会員の記念撮影」　25-19
　　「三越本店に於ける群馬美術協会の郷土部隊への献納画展示会（上）と同じく献納画献納式（下）」
　　　67-14
乾坤社　「乾坤社第三回展（上野松坂屋にて）」　4-グラフ
現代名家新作風景画展　8-グラフ
宏心会　「宏心会」（右より　吉田晴彦、片岡寿三郎、野上菊松、中村梅吉、山田政之助、伊藤寛、
　　久保田喜代志、小林善吉、小川久雄、木本大果先生、荒木龍の諸氏）　8-グラフ
古賀忠雄　58-9
国風彫塑会　「国風彫塑会」（日名子実三・鈴木賢二ほか）　2-グラフ
国民彫塑研究指導所　1-グラフ
児玉希望　「武者姿の児玉希望氏」　6-グラフ

【さ】

佐伯郁郎（警保局企画課統制主任官）　1-グラフ
座談会
　　「緑地と造型」（大蔵雄夫・長沼孝三ほか）　1-グラフ
　　「大東亜戦争と美術を語る　文化奉公会々員」（陸軍嘱託池上恒、東京音楽学校助教授伊藤武雄、
　　　文化奉公会十合薫、創作家棟田博、二科会員野間仁根、陸軍少将桜井忠温、洋画家笹岡了一、
　　　美術新報社長猪木卓爾、同編輯顧問川路柳虹　日比谷松本楼にて）　12-8
　　「共栄圏と日本工芸の進出　1」（右端より森田亀之助、津田信夫、高村豊周、川路柳虹、猪木
　　　卓爾　上野清凌亭にて）　17-13
　　「油絵と国民性　1」（柳亮、内田巌、岡鹿之助、高田力蔵、川路柳虹、猪木卓爾）　28-10
沢田晴広　「沢田晴広氏の文展作『空征く女性』」　1-グラフ
山南会々員　1-グラフ
児童美術展　「銀座青樹社で開かれた児童美術展」　14-7
春台美術　「春台美術懇親会」　15-18
傷痍軍人　「傷痍軍人の美術実習」（1〜3）　35-グラフ
　　　　　「双手を失つても尚この敢闘精神」　35-グラフ
白倉嘉入　6-13
新制作派協会　「新制作派協会公開審査」（1941年9月19、20日）　3-グラフ
新浪漫派　「新浪漫派・菊屋ギヤラリーにて」　2-グラフ
水彩画最高記録賞　「水彩画最高作品選定委員会／旧臘〔1941年12月〕二十日上野精養軒に於

ける二千六百一年度水彩画最高記録賞授賞作品銓衡委員会に於ける委員諸氏」（右より北川民次、早川国彦、中西利雄、石井柏亭、石川寅治、南薫造、相田直彦、甲斐惟一諸氏）　12-グラフ

水彩画推奨記録展　「芸能文化協会主催、王様商会後援の水彩画推奨記録展－銀座青樹社－／連日三千人の入場者があるといふ盛況であつた＝写真は会場の一部＝」　16-18

素顔社　「第十二回展を十日から十二日迄資生堂で催した素顔社同人」　16-19

鈴木庫三（情報局第二部第二課情報官、陸軍中佐）　1-グラフ

青龍社

「青龍社〔第13回展〕鑑査場風景」　1-グラフ

「青龍社〔第13回展〕晩餐会」（1941年8月27日）「立つてるは川端龍子氏」　2-グラフ

双台社　「双台社工房開所式」：＜石井柏亭氏を会長とする双台社工房の分室は日暮里渡辺町に設立されその披露会が〔1941年〕十月十一日午後一時から同所で挙行された（写真は工房関係者と中央衝立前に立てるが柏亭氏）＞　6-グラフ

【た】

大潮会　「大潮会懇親会」　10-グラフ

大東亜美術協会　「大東亜美術協会創立発会式の光景」（1942年8月7日）　34-17

大東南宗院　「大東南宗院結成披露」（1941年8月8日、帝国ホテル）　2-グラフ

太平洋画会　「二月十四日午後五時から上野の東京府美術館で開かれた太平洋画会懇親会、立ちて挨拶するは奥瀬英三氏」　16-18

大輪画院　「大輪画院第四回秋季展（日本美術協会にて）」　4-グラフ

高木保之助　2-グラフ

高田力蔵　29-10

高松宮　「高松宮両殿下仏印巡回日本絵画展内示会にお成り」（1941年9月9日）　3-グラフ

竹内栖鳳

「肖像」「お通夜－高台寺本邸－」「霊柩－式場から墓地へ」　37-グラフ

「在りし日の竹内栖鳳画伯」　61-9

建畠大夢

20-19

「建畠大夢遺作展会場に於ける記念撮影」　66-12

忠愛美術院

「忠愛美術院発会式」（1941年8月22日、上野精養軒）「中島中将の挨拶」　2-グラフ

「忠愛美術院晩餐会」（左より益田柳外、中島中将、花岡萬舟、佐久間美術文化新聞社長の諸氏）　9-グラフ

「忠愛美術院道場開き」（1942年11月3日）　46-14

伝神洞（池上秀畝画塾）

「伝神洞画塾献納画展会場にて」（塾の人々と中央が秀畝氏）　6-グラフ

東京美術学校　「東京美術学校の最初の教官」（前列右より巨勢小石、橋本雅邦、川端玉章　（後列右より）狩野友信、結城正明）　61-6
東京府工芸綜合展　「東京工芸綜合展第二部モデル・ルーム（三越本店にて）」　5-グラフ
　　　　　　　　「東京府工芸綜合展の公開審査場光景」　5-グラフ
読画会　「読画会内示会」　3-グラフ
巴会　「巴会日本画展（菊屋ギヤラリーにて）」　5-グラフ

【な】

中西悟堂　「仏法僧（筆者撮影）」　67-9
二六〇〇年会々員　1-グラフ
日東美術院　「日東美術院受賞式」　11-13
日本画家報国会
　「三月十九日軍人会館の日本画家報国会結成式会場に於ける野田会長の挨拶。上左端は清水帝国芸術院会長、上右端は（左より）川合玉堂、川端龍子両氏」　20-17
　「東條陸相代理、谷萩陸軍報道部長の挨拶」　20-17
　「島田海相代理、平出報道部長の挨拶」　20-17
野田九浦　6-12
野間賞　「野間賞授与式」（1941年12月17日）　13-4

【は】

長谷川栄作　「長谷川栄作氏の大作『伊邪那岐大神』」1-グラフ
秦一郎（情報局第五部第三課情報官）　1-グラフ
美術家常会
　「東京美術家常会」（城西部第一回総会、1941年8月10日、池袋第五国民学校）　1-グラフ
　「美術家常会の二重橋勤労」：＜東京美術家常会は着々行動に邁進してゐるが、宮城外苑整備事業東京肇国奉公隊に参加、一同二重橋間近く無心に奉仕し、その感激に洗心、信念を一層固めるのであつた。写真は右から（前列）浦田正夫、池田実人、広本了、鈴木金平、田中佐一郎、淵上満男（後列）斎藤求、大嶺政敏、中村金作、葛見安次郎、後藤英男、斎藤長三、鶴田吾郎、岩月信澄の諸氏＞　6-グラフ
美術家聯盟　「五月四日正午から上野精養軒で開かれた美術家聯盟発会式／起つて挨拶するは理事石井柏亭氏」（1942年5月4日）　25-18
美術雑誌編輯会議
　「美術雑誌新体制第一回編輯会議」（1941年8月11日、丸ノ内会館）　1-グラフ
　「第二回美術雑誌編輯会議」（1941年9月25日、日比谷大正生命地下室）：＜内務省から佐伯、米川の両係官、情報局から秦情報官が出席され種々美術界の事につき意見が交換せられ編輯上につき執筆者其他につき相当突込んだ注文があつた＞　4-グラフ

「第四回美術雑誌協議会」（1941 年 11 月 15 日、三信ビル東洋軒）：＜右より荒城季夫、情報局小野久三、文協浅利篤、池島重信、福岡信夫の諸氏と手前は各社の編輯担当者＞　9- グラフ

「第五回美術雑誌協議会」（1941 年 12 月 19 日、丸ノ内会館）：＜情報局佐伯郁郎、秦一郎、文協池島重信、浅利篤、小野久三、福岡信夫諸氏と各社編輯担当者＞　12- グラフ

「美術雑誌協議会編輯会議」（1942 年 1 月 16 日、日比谷公園松本楼）：＜正面中央は内務省警保局企画課佐伯郁郎氏、其他は各雑誌の代表者＞　14-6

美術文化協会　「美術文化協会第五〔正しくは三〕回展」　28- グラフ

福田翠光　9- グラフ

　　　　　「福田翠光氏とその献納画」　28-15

藤島武二　56-8

文化奉公会

「文化奉公会彩管報国に旅立つ」：＜写真は右より三輪孝、原精一、高沢圭一の三氏＞　1- グラフ

「文化奉公会々長推戴式」：＜文化奉公会は応召の帰還軍人の中で芸術面に携る人々を以て結成された会で現在既に参百余名に達する会員を有してゐるが去る廿五日午後六時から軍人会館に於て侯爵前田利為中将の会長推戴式を挙行され陸海軍報道部その他各方面の名士及び新聞雑誌記者多数の参列の下に盛大に挙行せられた。会は副会長に桜井忠温少将を戴き着々実行に移り中支那満洲等にそれぞれ会員を派遣し前線と銃後の連絡報首に務めてゐる＞　4- グラフ

文展　第四回文展　「文展搬入風景」（第一部搬入・第二部搬入）　5- グラフ

　　　　第五回文展　「文展審査員総会」（上野・精養軒、1942 年 10 月 6 日）　40-17

方君壁女史　5- グラフ

【ま】

正宗得三郎　1- グラフ

宮本三郎　1- グラフ

　　　　　58-8

向井九万　6-11

向井潤吉　1- グラフ

村川弥五郎　2- グラフ

明朗美術会　「明朗美術会員　府美術館にて」　3- グラフ

【や・ら・わ】

八木岡春山　「故八木岡春山氏告別式」　2- グラフ

靖国神社　「靖国社頭歓呼の旗の波」　17-4

柳亮　29-10

矢部友衛　「矢部友衛氏とその個展」　11-13

吉岡堅二　6-13

吉田源十郎　58-9

吉田登穀　「吉田登穀個展」（左より二人おいて野口謙次郎、吉田登穀、松本姿水、猪木本社々長、有便堂主石川光用の諸氏）　7-グラフ

立型会　「立型会第三回展　菊屋ギヤラリーにて」　3-グラフ

和田英作　61-7

和風会　「和風会展」　10-グラフ

『戦時記録版　日本画及工芸』逐号目録

第一輯（１９４４年２月５日）　　第六回文展記録
　図版
　　三色版　川合玉堂《山雨一過》。上村松園《晴日》。野田九浦《鍛刀》。堂本印象《北條時宗》。宇田荻邨《秋草》。徳岡神泉《芋図》。山本丘人《山麓》。
　　コロタイプ版　松林桂月《秋郊》。白倉嘉入《歳寒三友》。
　　一色版　第六回文展出品画集。第六回文展工芸出品集。日本美術協会展。産業戦士慰問激励展。山南会第四回展（京都）。小川千甕新作展出品。泉川白水個展出品。泥谷文景「月十五題」展出品。第四回丸木位里個展出品。
　記事　首言　目次頁。文展の諸問題　鈴木進　1。文・帝展概観－明治から大正末期まで－田沢田軒　5。第六回文展の日本画所感　木村重夫　22。今秋文展力作の余栄　大東亜六国代表に贈呈　内閣総理大臣・文部大臣より　無署名　30。文展の工芸美術　大島隆一　31。前線より　戦線より文展を想ふ　林翠　40。職場より　日本画と勤労文化　野口登美雄／句集　寒灯　伊東好子　41。第百廿三回日本美術協会展評　豊田豊　42。松岡映丘と山本丘人　無署名　43。十月に於ける展覧会／十一月に於ける展覧会　49。十二月に於ける展覧会／彙報　50。第六回文部省美術展覧会陳列品目録　52。巻末に　猪木卓爾　57。
　日本画個展記録　千甕氏と白水氏個展　金井紫雲　44。泥谷文景個展　田沢田軒　45。小柳創生個展　Ｉ生／比庵三渓野水会第二回展　無署名　45。無所属日本画家聯合産業戦士慰問巡回展　無署名　46。山南会展　無署名　46。
　工芸展記録　萠黄会研究作品展／京都陶芸小品展／魯山人新作陶磁展／共栄圏染織工芸展　47。日本漆絵協会展　48。

第二輯（１９４４年９月５日）
　表紙　伊東深水
　図版　川合玉堂《海風》（献艦作品）。松林桂月《秋声》（献艦作品）。小室翠雲《海鶴蟠桃》（献艦作品）。菊池契月《稚児文珠》（献艦作品）。清水六兵衛《色絵花籠花瓶》。富本憲吉《色絵大徳利》。西山翠嶂《朧夜》（戦艦献納展）。「帝国芸術院会員（日本画）献艦作品」安田靫彦《豊太閤》。川合玉堂《吹雪》／松林桂月《松下独坐》。荒木十畝《雄風》／荒木十畝《九官鳥》。結城素明《花桐》。小室翠雲《春庭幽艶》／菊池契月《富士》。鏑木清方《砧》／鏑木清方《蕪》。小林古徑《梅》／前田青邨《激流》。上村松園《静之図》／安田靫彦《保食紳》／橋本関雪《牛》。「関西美術展」菊池契月《北政所》。西山翠嶂《絶澗の夕》／堂本印象《如意輪観世音》。金島桂華《野鶴》。榎本一洋《出潮》。上村松園《晩秋》／橋本関雪《讃光》／水田竹圃《幽谷早春》／矢野知道人《那智奉拝》。徳岡神泉《稚松》／石崎光瑶《聖苑》／小野竹喬《秋陽》／宇田荻邨《松》。「大東亜戦争記録画」三輪晁勢《ツラギ夜襲戦》／伊東深水《ブキテマ高地》／勝田哲《神兵メナドに降る》／小堀安雄《イザベル沖海戦》／茨木杉風《潜水艦出撃》。「青々会展－龍子鯉三題－」川端龍子《飛躍》《濁り江》／坂口一草《残照》／山崎豊《筥崎宮》。狩納三楽《虎穴》／木村鹿之介《白

雨》／安西啓明《遮光》／市野亨《冬》／福岡青嵐《湊川》。他11点。「耕人社第一回展」粟本一洋《二日月》。「伊東深水南方スケッチ展」《ボルネオアモンタイ附近風景》《ジョクジヤカルタのスリピン踊》《バリ島の村道》《マカツサル郊外春画》。「無尤会第一回展」磯野草丘《皇城瑞雪》／田中針水《ミシン》／山下巌《冬の山》／玉村吉典《鎧》。「山本丘人個展」《月夜》《疎林》《梅の雪》《霜田》。「東西新作画展」（高島屋）荒木十畝《紅葉群禽》／小室翠雲《春酣》／福田平八郎《南天》／堂本印象《椿》／児玉希望《新春》／田中咄哉州《つぐみ》。「新作日本画展」（三越）奥村土牛《牡丹》／上村松篁《豆の秋》／杉山寧《りんだう》他4点。「国土会展」山本丘人《夕陽》／加藤栄三《雪と芒》／小堀安雄《小楠公像》／川崎小虎《黍》／東山魁夷《門》／山田申吾《日蝕》。「新燈社廿一回展」青木大乗《奔流》／寺田六華《河畔》他2点。「鬼原素俊九軍神の母を画く個展」《稲垣清兵曹長の母》他4点／「高須芝山個展」。「銀艸会展」加藤栄三《南方所見》他2点／「還元社展」中野風真子《中條村風景》他2点／「十九年展」丸木位里《月》／山本蘭村《猫》。「小堀鞆音遺作展」《武者》。《宇治橋合戦》。「帝国芸術院会員（工芸）戦艦作品」津田大寿《六雄無敵》他4点。「日本漆絵協会第三回展」松岡太和《月下の白鷺城》他3点／「日本人形美術院展」。

記事 首言　扉頁。目次、御断り　目次頁。帝国芸術院会員—献艦作品の日本画　無署名 1。戦艦献納帝国芸術院会員展—「工芸」について—　大島隆一　10。書評　堂本印象著『高野山根本大塔壁画と柱絵』　無署名　13。大東亜戦争美術展—作戦記録画における日本画の問題—　木村重夫　14。書評「翠雲随筆」を読む　無署名　19。小堀鞆音翁遺墨展　金井紫雲　20。書評　西沢笛畝氏筆『愛国百人一首かるた』　無署名／財団法人「白川村荘」—関雪氏自邸を解放　21。

日本画展記録　関西邦画展　22。青々会展　木村重夫　25。国土会展　26。川村曼舟遺作展と第一回耕人社展　豊田豊　27。大東亜神話伝説展　29。池上秀畝氏大詔奉載日揮毫奉献画展示会　田沢田軒　30。山本丘人氏個展　金井紫雲／永井久晴氏個展　田沢田軒　31。第三回日展　豊田豊　32。東京会の新作展　田沢田軒／晩秋の尚美展　豊田豊／歳末の東京三越展　豊田豊　33。黄橙会第三回展　豊田豊／東都高島屋展　豊田豊　34。多聞洞邦画展　豊田豊　35。九軍神の母を画く日本画展／更生伝神祠展／関西閨秀画家の産業戦士慰問画展／国民座右銘色紙展　36。无尤社新作／三三美術団の日本画／日本作家協会扇面展／白日荘新作画展　37。

工芸展記録　日本人形美術院展　大島隆一／国画会工芸部展　大島隆一　38。新構造社展　大島隆一／染織工芸美術展　39。河合卯之助個展　大島隆一　40。日本竹藝会展　大島隆一　41。華洛会展　大島隆一　42。河井寛次郎個展　大島隆一／柳女人形塾展　大島隆一　43。黄土会展　大島隆一　44。漆絵協会第三回展　松岡太和　45。

彙報「山本元帥」を海軍省に献納／青甲社の献画と慰問／「段列」を京都師団へ／京都日本画家の勤労報国隊結成式／昭南神社へ奉献画／「神風」を靖国神社へ奉献／献納画「橿原神宮」46。援護美談を画く／名作能面の疎開／戦力強化に相伝の秘術／大東亜各元首に鷹図を　47。

訃報　松本亦太郎博士、数馬英一氏、森守明氏母堂、永田春水氏母堂　47。

十二月に於ける展覧会、一月に於ける展覧会、二月に於ける展覧会　48。

印刷　昭和十九年八月二十九日
発行　昭和十九年九月五日
非売品
編輯兼発行人　猪木卓爾　東京都麹町区九段一丁目十四番地
編輯所　戦時美術記録編纂会　東京都麹町区一丁目十四番地
頒布所　日本美術新報社　東京都麹町区一丁目十四番地

　　　略規抄
一、本会ハ美術家、美術研究家、及美術関係団体及美術愛好家ヲ以テ会員トス
一、会員ニハ記録版「日本画及工芸」ヲ一ケ年四期ニ別チ配布ス
一、本会会費ハ一ケ年弐拾円（会誌送料及会誌ノ特別行為税ハ別ニ要ス）トス但シ分
　　割払ノ際ハ一期五円（別ニ送料行為税ヲ要ス）ヲ払込ムモノトス
一、会誌ハ会員以外ニ頒布セズ

編・解説者紹介

飯野　正仁（いいの・まさひと）

1954年　山梨県甲府市生まれ。
京都大学大学院文学研究科博士課程（美学美術史学専攻）修了。
山梨県立美術館学芸課、同県立文学館資料情報課に勤務。

著書　『戦時下日本の美術家たち　第1輯』猫町文庫、2010年
　　　『戦時下日本美術年表』藝華書院、2013年
　　　「〈満洲美術〉年表」『「帝国」と美術　一九三〇年代日本の対外美術戦略』五十殿利治編、国書刊行会、2010年。

復刻版　**旬刊美術新報**（じゅんかんびじゅつしんぽう）
第1回配本（第1巻～第3巻・別冊1）

2017年5月1日　第1刷発行
揃定価（本体75、000円＋税）

編・解説　飯野正仁
発　行　者　細田哲史
発　行　所　不二出版
　　　　　　東京都文京区向丘1-2-12
　　　　　　TEL 03-3812-4433
印刷製本　富士リプロ

別冊1　ISBN 978-4-8350-8025-3
第1回配本（全4冊分売不可　セット ISBN 978-4-8350-8021-5）

〈復刻版と原本の対照表〉

復刻版巻数	原本号数	発行年月
第 1 巻	第 1 号～第 12 号	1941 年 8 月～1942 年 1 月
第 2 巻	第 13 号～第 24 号	1942 年 1 月～5 月
第 3 巻	第 25 号～第 36 号	1942 年 5 月～9 月
第 4 巻	第 37 号～第 48 号	1942 年 9 月～1943 年 1 月
第 5 巻	第 49 号～第 62 号	1943 年 1 月～6 月
第 6 巻	第 63 号～第 76 号	1943 年 6 月～10 月
付　録	『戦時記録版　日本画及工芸』第 1 輯・第 2 輯	1944 年 2 月・9 月